ちくま新書

理系的 英語習得術 ──インプットとアウトプットの全技法

鎌田浩毅
Kamata Hiroki

1816

はじめに

■ 「理科系」による逆張り

　最初に、自己紹介を兼ねて英語との付き合いについて話しておきたい。私は地球科学を専門とする研究者だが、京都大学で24年間にわたり科学研究と教育に携わってきた。

　もともとサイエンスは国境を越えたものであり、研究成果は必ず英語で学会発表し、かつ最終的に英文の論文に残さなければならない。英語を過不足なく日常的に使うことは、科学者の私にとっては必須の条件であった。

　京都大学に着任する前の18年間は通産省（現・経済産業省）の研究所（工業技術院地質調査所）で火山学の基礎研究に携わっていた。つまり、東京大学理学部地学科に進学してからほぼ半世紀間、英語で仕事をしてきたことになる。

　本書のタイトルを『理系的 英語習得術』としたのは、英語を日常的に使いこなさなくてはならない環境で仕事をしてきた自分の立場をまず明確にしたのだ。また、システマティックで合理的な英語の勉強法、すなわち誰にでもできる「習得術」を読者に伝えたいと思ったからである。

　本書では巷で流布している勉強の「逆張り」を敢えて行なう。近年誕生し注目を集めている ChatGPT をはじめとする生成 AI などを使いこなせば、もうこれまで

はじめに　003

のように英語を勉強しなくてもいいのではないか。そう思う向きもあるかもしれない。

しかし極言すれば、生成AIを使えば使うほど英語力はどんどん「退化」する。私はそう考えるからこそ、ホンモノでオールラウンドな英語力を自分のものにする勉強法、習得術を本書で伝えたいのだ。

エレベーターやエスカレーターにばかり乗っていたら脚力が確実に落ちていくことはご存じだろう。よって、まず生成AIがこのエレベーターであることに気づいていただきたい。

本書で目指すのは、AIなどのテクノロジーに頼らずとも、自分に降りかかる課題を英語という強力なツールを用いて解決する「自前の能力」を搭載することである。

■ 「楽しく」英語を勉強する

私は京大で24年間学生や院生たちと付き合ってきたが、彼らの英語力のなさに愕然としたことがある。

「えっ？ 京大の学生が？」と驚かれた読者もいるだろう。しかしながら実際の彼らは、読み書きだけでなく国際会議で本質的なディスカッションをする能力が足りず、苦戦する姿を私は何度も目の当たりにした。

そして**何よりも、英語を楽しんで使っていないのが気になった。**

私自身は中学生の頃から、英語の勉強は「とても楽しい！」と思っていたからだ。英語が使えると世界が広がる、何と素晴らしいことだろう、というワクワク感が彼らには感じられないのだ。でも、楽しいと思った私が特

004

殊な環境や能力に恵まれていたからではない。

　学生たちは私に「楽しく英語を勉強する方法ってありますか？」と尋ねてきたが、答えは常に「イエス」だった。

　それを聞いた学生が「信じられない！」という顔をしたことに、私はまた驚いた。**彼らは京大に入るためそれなりの苦労を積んで勉強してきたはずだが、英語を「楽しく」勉強した経験がないのである。**

　そこで京大の「地球科学入門」の講義でもたびたび脱線して、英語の重要性や、楽しく効果的な勉強法について熱く説いてきた。本書で縷々解説を加えていくのは、まさに英語に苦手意識を持っていた京大生たちに教えてきた内容と同じである。

　私の学生時代を振り返ると、教育実験校の１つである筑波大学附属駒場中学校（当時の名前は東京教育大学附属駒場中学校）で、音声学習重視の環境で英語を学び始めた。

　その頃には珍しい**LL教室**があり（**LL**とは**Language Laboratory**の略）、オーディオとビデオなどの機器を使って外国語を学んだのである。

　学習の最初から音声面の訓練をみっちりやったわけだが、それは私の勉強に関する自信につながり、高校では英語が一番得意な科目となった。

　東京大学理科Ⅱ類に入学してからも英語に親しむことを忘れず、**ジェームズ・ワトソン著『遺伝子の分子生物学』（1965年初版）**や**カール・ロジャース著『カウンセリング』（1942年初版）、『精神療法』（1951年初版）**などの英文テキストを、サークルの仲間と輪読したりした。

はじめに　005

そして就職後にどのように英語を使って仕事をしてきたかは冒頭で述べた通りだが、現在まで半世紀以上、英語を「楽しみながら」勉強し続けてきたことになる。

本書では、その半世紀におよぶ私の蓄積を惜しみなく披露したい。

日本では、たいへん残念ながら私のように英語が好きな人は決してマジョリティではない。市民向けの講演会で質疑応答を行なうと、「英語にはほとほと悩まされました、いまも四苦八苦しています」というビジネスパーソンは少なくない。

そこで彼らに「どのように英語を勉強してきましたか?」と尋ねると、まったく考えてこなかったか、場当たり的な勉強を続けている場合がほとんどである。その結果として、上達しないトラウマになってしまった人もいる。本書ではそうした人のための「特効薬」を提示したい。

■ 勉強法の「カスタマイズ」

さて、具体的に本書の構成を案内しておこう。

第Ⅰ部「英語勉強法の点検と整備」
第Ⅱ部「英語を使いこなす基本技術」
第Ⅲ部「合理的なアウトプット術と英語の活用」

の3部構成で、**最終的に英語で知的アウトプットを生産することを目標とする。**

ひとことで言えば、**英語情報のインプット、アウトプ**

ット、未来の活用、の3項目を見据えて学習を進めていくことになる。

このようなガイドラインを思い描けば、英語を学ぶことは無味乾燥な暗記ではなく、自分のキャリアパスにとって非常に大事なツールとなることが納得できるだろう。

実は本書の説く勉強法は、英語に限らず全ての学習と知的生産に応用できることも、念頭においてほしい。

本書の目指すところは漠然と英語を学んだり使えない知識を増やしたりというのではなく、**はっきりした形を持った「知価」の高いものを英語でアウトプットする**ことにある。

そのために必要な基本的な理念（考え方）と、実際の場面で役に立つ具体的なテクニックの両方を伝えたい。言い換えれば「戦略」（ストラテジー、strategy）と「戦術」（タクティクス、tactics）と言っても良いだろう（この言葉は本文でもたびたび登場する）。

ここで1つ断っておきたいのは、私は英語という言語の研究者ではないし、教科の英語そのものを教えてきた教師でもない。つまり、英語の専門家ではない一学習者が、修得・勉強のコツをお伝えするということである。よって、学習キャリアがちょっと長い先輩から教わるような感じで気軽に受け止めてもらえれば幸いである。

もう少し言いたいこともある。「英語の達人」はともすると、プロの観点から、一般読者にとってはとても敷居の高い指示をしたりする。時にはそれによって英語が嫌いになることが往々にしてあるのだ。偏差値の高い名門校出身の京大生に、そうしたかわいそうな学生をたく

はじめに 007

さん見てきた。

　それに対して**本書では、英語をツールとして使ってきた科学者の立場から、本当に役に立ったことだけを選んで解説した。**そもそも科学技術が世に受け入れられたのは、苦労の少ない方法を提供してきたからだ。

　本音を言うと、自分の頭と時間はできるだけサイエンスに割きたいのだから、英語にはエネルギーを注ぎたくない。したがって、ユーザーとして最低限必要なテーマに集中して学習ノウハウを開示したのである。これは多くのビジネスパーソンも同じではないかと思う。

　本書では私のエピソードを中心に語ってゆくが、長年英語で論文を書き学術講演を続けた経験から、**ユーザーとしての立場から「ラクして成果が上がる」方法を提案したのである。**このあたりが英語のプロから見ると歯痒いかもしれないが、ご寛容いただければ幸いである。

　ともあれ、私が科学者として行なってきた経験もそんなに広いものではないから、読者はさらに自分に合わせて自由に変更、すなわち「カスタマイズ」（customize）していただきたい。

　つまり、本書で推奨する勉強法から「自分に合うもの」だけを大胆に取捨選択してもらって構わないのだ。逆に言えば、自分に合わなければ「さっさと捨てて」しまう。どんなに優れた方法論でも、放り出して良いのである。

　こうした過程で皆さんは、今まで自分がやっていた勉強法の中に理に適うものがあったことに気づき、勇気づけられるかもしれない。「なあんだ、そうだったのか」

と途端に元気が出るだろう。

　実は、自分が既に実行してきた方法のかなりの部分は
きわめて自分に合った合理的なものなのだ。そうでなけ
れば、これまで自分の中には定着しなかったはずである。

　「自分は結構よくやってきたじゃないか！」というこ
とに、まず気づいて欲しい。これは私が24年間、暗い
顔をした京大生を勇気づけて、明るい顔になって卒業し
てもらったノウハウでもある。ここで言うのもなんだが、
学生たちが囁いてくれた「京大人気No.1教授」を本
書でも全開したい。

　本書を読むことで、英語を勉強する価値とその合理的
な習得術を再認識し、良いものはそのまま温存して「意
識的」に使いこなしてほしい。

　その後で、学んだことを「無意識領域」に引き渡し、
将来どこで誰と会っても活用できるように、蓄積・保存
するのである。

　自分にいちばん合うようにカスタマイズすることこそ、
自信を取り戻して頭をポジティブに稼働させ、「英語が
得意になった」感触を得る第一歩となるのだ。

　では「理系的英語習得術」の骨太の世界へ招待しよう。

　　　　　　　　　　　　鎌田浩毅

理系的 英語習得術
インプットとアウトプットの全技法
【目次】

はじめに 003

「理科系」による逆張り／「楽しく」英語を勉強する／勉強法の「カスタマイズ」

第Ⅰ部 英語勉強法の点検と整備 015

第1章 | なぜ英語を勉強するのか？ 016

「アウトプット優先主義」で視界が開ける／「知的生産」と「知的消費」／「ラベル法」「不完全法」でサクサクこなす／場当たり的な勉強をしてはいけない／そもそもなぜ英語を学ぶのか／目標と計画（戦略）を立てる／何をどう勉強するか「戦術」を練る／資格のための勉強、かくあるべし

第2章 | コミュニケーション・ツールとしての英語 033

「言語観」をつかめ／人は「思い込み」で生きている／フレームワークの橋渡し／「トピックセンテンス」という約束／人生を変える英語学習／「苦労なし」の英語

第Ⅱ部 英語を使いこなす基本技術 043

第3章 | 読解力がすべての基礎となる 044

読解は「コミュニケーション」の1つである／英文を読む訓練／多

読の3原則／感覚に頼らない論理的な読み方とは／文法の「無意識化」の境地をめざせ／辞書の効果的な使い方／英文を読む最初のステップ／主語と述語を見つける／読解こそ「復習が命」／音読筆写の技法／何を読んだら良いのか／英語上手はコミュニケーション上手

第4章　単語力を身につける 061

単語は「沼」だからこそ合理的学習を／「記憶呼び起こし法」で解決／「基本語」を使いこなす技術／復習と記憶のコツ／実際に出会った単語を覚える／短期集中で仕上げよう／決して欲張らない／1対1対応が原則／英文の中で覚える／「推測する」訓練

第5章　文法力を武器にする 081

文法はコミュニケーションのために必須のもの／伊藤和夫の英語講義／文法の体系と座右の名著／再学習に最適の教材／最初に「どこをやらないか」を決める／「隙間法」でサクサク学ぶ／文法問題集を「不完全法」で制覇！／「本は文房具」！ 書き込みながら使い倒す／文法マスターには復習が命／「暗記」と「理屈」のバランス／知的格闘技として楽しもう／文法の「無意識化」

第6章　リスニングは習慣化が命 107

まずは音声から「楽しさ」を知る／「英語が聞ける」とは／英語を意識しない／「シャドーイング」のススメ／30秒〜1分の教材を1カ月繰り返す／内容に共感できるスピーチを選ぶ／「英語を聞く」を習慣にしてしまおう

第 Ⅲ 部 合理的なアウトプット術と英語の活用 121

第 7 章 | 作文力獲得のツボ 122

短期間でモノにできる！／まず「通じる英語」をめざす／「和文和訳」から始めよう／動詞の言い換えと「連想ゲーム」／和英辞書の使いどころ／英作文は「英借文」から／例文収集の方法／「英文のストック」を増やす／実践・実用もアプリで気軽に

第 8 章 | スピーキングの上達が自信を生む 137

「声に出して読みたい」英文／限られたパターンを繰り返す／スピーキングでも英文「ストック」／「自分について語る英文」から覚えよう／十八番の文例集を作る／シャドーイングの効用／発音の上達はモチベーションアップの近道！／音読は「カッコよく」／声はどのように出ているか／英語の「口」と「舌」を手に入れるには／発音指導本の使い方／自分の発音を録音する／音声学習を勉強の柱に

第 9 章 | 英語の名文で教養を身につける 157

英語の名文は二度おいしい／バートランド・ラッセル『幸福論』／「私心のない興味」を涵養／ウィンストン・チャーチル『第二次大戦回顧録』／「カントリー・ジェントルマン」の生き方／エドワード・ギボン『ローマ帝国衰亡史』／英文のお手本／ジョージ・ギッシング『ヘンリ・ライクロフトの私記』／再び「ギボン」登場／サリンジャー『キャッチャー・イン・ザ・ライ』／ライ麦畑の「つかまえ役」／「若者のバイブル」青春小説／時代に沿った新訳の登場／ジェームズ・ワトソン『二重らせん』／「ロールモデル」としてのワトソン／英語で教養を身につける意義

第 10 章　デジタル環境での英語勉強法　187

情報に受身になっていないか／デジタル環境での「水」「コーヒー」／「便利な機能」に潜むリスク／「最新ソフト」のムダをそぎ落とす／デジタルネイティブに追いつかなくて良い／必要最低限のものを用いる／紙の本と電子ブック／人類が行なった読書の歴史

おわりに──無理をしなくても実践できる英語勉強法　204

ラクして実を取るのが理系的方法論／苦労は細分して乗り越える／英語は特殊技能ではない／地に足のついた英語勉強法は変わらない

索引　215

イラストレーション＝タケウマ
本文デザイン＝中村道高(tetome)

第Ⅰ部

英語勉強法の点検と整備

第 1 章 なぜ英語を勉強するのか？

■「アウトプット優先主義」で視界が開ける

　最初に、英語を勉強することそのものについて考えてみたい。「なぜ英語を勉強するのか？」という根本的な問いである。ここを疎かにしてスタートしても、良い結果は出ない。

　そもそも英語の勉強をなぜするのか、しなければならないのかについてチェックしてみよう。「そんなこと分かってる」と言わず、根本から問い直していただきたい。

　これまで私が行なってきた科学者としての仕事の中で、英語は「ツール」として重要な位置を占めてきた。そして研究と執筆の中で英語をどう使ってきたのかと問われれば、それは英語で「アウトプット」してきた点である。

　もちろんアウトプットの前には「インプット」があり、英語で論文や本を読み、英語で人の話やネット上の情報を得てきた。そしてそれらをまとめる最後の総仕上げとして、英語のアウトプットがあったのである。

　私は科学上のアイデアを具体的な文章や企画にするため、効率的な方法論を常々模索し改良してきた。その中でも英語に関する経験が、本書の基盤を成している。

　科学アカデミアに 45 年以上も携わってきたノウハウのキーワードは、「アウトプット優先主義」である。す

016　第Ⅰ部　英語勉強法の点検と整備

なわち、**英語で具体的に目に見える成果を出すため、もっとも効果的な手法は何か？** をまず考えていただきたい。

英語のアウトプットという最終生産物のために、途中にあるすべてのプロセスを決定してゆく、という演繹的(えんえきてき)な方法論なのである。何を勉強するにしても、「目的を先行」させることによって状況は一変する。

次に、英語を勉強する準備はできたが、書くにせよ話すにせよ最初のアウトプットがなかなかできない人がいる。つまり、アウトプットという「知的生産」の取っかかりがうまくいかない、という場合である。

このようなときには知的活動の能率を一気にあげて「楽に生産できる」さまざまなテクニックがある。

言わば「ラクして成果が上がる知的生産術」だが、これを、英語の学習を始める最初に頭の中に搭載しておく。

英語に取りかかる前に、頭の中にアウトプットという枠組みと、アウトプットを実行するためのテクニックを用意しておくのである。

すると、勉強した内容がすぐに具体的な成果として見えてくるし、勉強して頭が疲れる前に自分の行動した軌跡を次の勉強につなぐことができる。こうすれば、英語を学習して英語が身につくだけでなく、そもそも頭の中が整理され、さらに部屋も片づく二次的な効果も期待できる。

実は、知的生産の活動は英語の勉強に留まらず、すべての活動に関連していくものなのだ。したがって、本書

第1章　なぜ英語を勉強するのか？　017

で勧める「アウトプット優先」勉強法で英語に取りかかれば、英語学習がはかどるだけでなく、その行動は次のステージを開くアウトプットへと繋がってゆくのである。

　具体的にはのちほど実例で示すが、その前に、私が地球科学者としてやってきたインプットとアウトプットにまつわる経験から提案する「勉強の構造」を知っていただきたい。

■ 「知的生産」と「知的消費」

　さて、勉強法を点検するに当たって最初に知的生産と知的消費とを区別することから始めよう。

　まず**「知的生産」**とは、英語を使ってレポートや企画書を書くことを言う。私の場合は地球科学の論文や教科書を英語で書き、ネイティブスピーカーのチェックを経て世に出せるレベルにする作業である。端的に言えば、**英語で書かれた意味のある文章の集積ができあがること**をいう。

　それに対して**「知的消費」**とは、英語の本を濫読する、英語でゲームをやる、英語で気軽な会話をするなど、**英語を使う活動ではあるが直接生産には結びつかない活動**をいう。たとえば、ネットの英語サイトをサーフィンするなどは、現代の知的消費の最たるものだろう。

　とはいえ、私は知的生産だけを重視し知的消費を低く見ているわけではない。**知的消費の中には楽しみながら「教養を積む」ことが多く含まれており、人生を豊かにする**。しかし、これに過度に陥ると知的アウトプットか

ら遠ざかってしまうという弊害も生まれる。

　読者の多くは英語を使って何らかの意味のある成果を出し行動したいから、知的消費より知的生産に役立つ勉強法をまず知りたいだろう。

　具体的には、決められた期限の中で、英語による生産物を効率よく生み出す。このための考え方とテクニックを身につけることは、本書の大事なテーマの１つである。

　知的活動をしたからといってそれが必ず情報生産につながるとは限らない。マージャンや将棋を楽しむのはまさに知的消費である。

　このように知的生産と知的消費をきちんと分けることを最初に提唱したのは、生態学者の梅棹忠夫教授（1920～2010）である。今や古典的ビジネス書となった『知的生産の技術』（岩波新書。初版1969年）で知的生産について初めて書いたからだ。

　梅棹は知的消費が悪いと言っているのではなく、知的生産とはっきりと区別する所から情報生産の意味が明確になる、と説いている。そして「最初に物事を区別する」という行動自体が、まさに知的な動きなのである。

■「ラベル法」「不完全法」でサクサクこなす

　こうした何げない行動から、私の推奨する「アウトプット優先主義」が始まる。英語を勉強する際にも、最初に知的生産と知的消費という２枚のラベルを貼ってから行動を開始するのだ。

　どのような行動をしているときにも、現在しているこ

第1章　なぜ英語を勉強するのか？　019

とは〝知的生産〟なのか〝知的消費〟なのかを自分に問う。両方の性質がある場合でも、パーセンテージの多い割合から、どちらか一方に決めてしまうのだ。

このような作業を、本書では**「ラベル法」**と名づける。自分の行動を外から眺めて、とりあえずラベルを貼ってしまう。

理科系の人の特徴として、物事を何でも「とりあえずラベル化」して思考する性質がある。そしてラベルを貼ったあとで、〝知的生産〟の時間に切り換えることから、アウトプット優先主義が動き出すのである。

『知的生産の技術』は当時の大ベストセラーとなった。私が中学２年の時で、１年上の先輩が良い本があると勧めてくれた本でもある。

私にとっては初めて新書本を最後まで読み通して、知的なショックを受けた覚えがある。知的活動に２つの要素があるなどとは、考えもしなかったからだ。

知的消費に関して英語学者の**渡部昇一（1930 ～ 2017）**はこう述べる。

「知的生活を志すような人は、はじめから時間を無駄にすることに無頓着ではない。だから時間をいかにも無駄なように使っているように思われるぶんには大した問題にはならない。たとえば、友だちと一晩飲んだとか、ヘボ将棋をしたとかいうのは、まったく無駄な時間のようであるが、気晴らしや気分転換にもなっているので、大したことはない。危険なのはまさに勉強なのだ。

たとえば、ギリシア語かラテン語の勉強をしたとする。（中略）マスターするにはほとんど半生を要するし、またそれを忘れないようにしておくためにも、残りの半生を要すると言ってよいのである。だからラテン語やギリシア語の原典を読もうとして辞書など引いている人は、膨大な時間を毎日無駄にしていることになる。（中略）こういうのが、もっとも危険だということになる」

（渡部昇一『知的生活の方法』講談社現代新書、160ページ）

この本は1976年に出版され、前掲の梅棹著と同じようにベストセラーとなった。私は大学生になってから本書を読んでひどく感動した。両者は岩波新書と講談社現代新書、それぞれのレーベルを代表する教養新書の看板本となり、現在でもロングセラーを続けている。

知的消費はプロセスを楽しむのが目的だから、どこで終わってしまってもよい。途中が十分におもしろければ、最後までいかなくても良いという面がある。しかし、知的生産では、最終的に何らかの成果が得られることを目標にしているので、プロセスだけ充実していればよいとはならないのだ。

渡部昇一が『知的生活の方法』で引用する19世紀イギリスの美術評論家**ハマトン（1834〜94）**はビジネス書の古典『**知的生活**』（**初版1873年**）の中でこう語っている。

第1章　なぜ英語を勉強するのか？　021

「自分が現在打ち込んでいるさまざまな研究のリストをつくり、そのおのおのについてできるだけ正直にその不完全さの度合を書きつけるとよいと思います。（中略）そして、ものになりそうな研究がはっきり決まれば、あとの研究はすべて断念することによって、ただちに時間節約の実を大いにあげることができます」

　（ハマトン『知的生活』渡部昇一・下谷和幸訳、講談社学術文庫、143ページ）

　ここで大切なキーワードは、〝不完全〟と〝断念〟である。不完全を許容するとは、目的達成のためにはやりかけの仕事であっても捨てる、ということである。完璧主義から逃れること、と言ってもよい。

　実は、完璧主義とは自己満足の世界なのだ。もっと良くしよう、と思って必要以上のデータを集めたり思索することにより、自分は満足し安心する。しかし、同時に、来るべきアウトプットからは、だんだん遠ざかってゆくのである。いったん完璧主義に陥るとそれに気づかなくなってしまう。

　そこで、**知的生産のもっとも早道である〝不完全〟であることを許容し、切り捨てられた内容は思いきって〝断念〟するのだ。これが、知的消費と知的生産を分ける最大のポイントなのである。**ここでは、この考え方を「**不完全法**」と呼んでみよう。実は不完全主義こそが、効率良くラクな知的生産を行なうための方程式なのである。

「ラベル法」と「不完全法」はきわめて理系的であり、後の章でもしばしば登場する。両者は本書を貫く重要なメッセージと言っても良いだろう。

■ 場当たり的な勉強をしてはいけない

近年、社会人の間で「勉強」がブームである。リスキリング（reskilling）という言葉も日常語になったし、すでに各界の第一線で働いている人が社会人向けの大学や各種学校、オンラインの講座などを受講して学びなおしにいそしんでいるという話をよく耳にする。

素晴らしいことだが、一方でそうした人の多くが勉強に追い立てられているように見える。「勉強しなければいけない」という意識が強迫観念のように先走っているようなのである。

たしかに現在、私たちが生きているのは不確実で変化の激しい社会である。現在やっている仕事が将来も生き永らえ、需要が続くものなのか、心もとなく思えるのも無理はない。そのために何かを一所懸命に学ぶことで、将来的な安心を得ようとするのだろう。

ただ、不安だからといって「なんとなく」勉強をしても、身につくものはたかが知れている。長続きもしないだろうし不安から解消されることもない。

勉強をする前にまず意識してほしいのは、勉強は場当たり的にするものではないということである。これは本書のテーマ「英語の習得」にも大いに当てはまる鉄則である。

読者のみなさんは、高校や大学の受験時に勉強した内

第1章　なぜ英語を勉強するのか？　023

容を記憶しているだろうか。おそらくたいへんな努力をしたにもかかわらず、合格した瞬間から、ため込んだ知識は少しずつ失われてしまったのではないだろうか。

そして今では、断片的な知識がわずかだけ残っているといった状態かもしれない。つまり、残念ながら、日本の学校では「試験に受かったらおしまい」になっているのである。

私が教育に携わってきた京都大学でも、入学したときは高い学力を持っていた学生がみるみるレベルダウンしていくのをしばしば目の当たりにしてきた。大学に入ってから頭が悪くなる、という笑えない現実がある。

こうした「場当たり的な勉強」が体に染みついているせいか、社会人になってからも同じパターンを繰り返す人がいる。転職のために TOEIC の資格が必要となれば熱心に勉強するのに、企業から内定を得た直後をピークに英語力は低下の一途をたどるという具合だ。

しかし、場当たり的ではない正しい勉強法で学んで身についたものは、定着し、本来ずっと継続するものなのである。たとえば、自転車に乗るというスキルは、いったん習得すればいつまでも失うことはない。それとまったく同じことである。正しい勉強法であれば、消えることはないのである。

よって、勉強は「場当たり的」にするのではなく、目的を持って戦略的に行なうものでなくてはならない。特に大人が勉強するにあたっては、人生において価値があることをまず念頭に置く必要がある。

多くの人が嵌りやすい落とし穴だが、決して見栄や自

024　第Ⅰ部　英語勉強法の点検と整備

己満足のために勉強をしようとしてはいけない。勉強は最終的には自分の人生を豊かにするため、なのである。これを私はこれまで「一生モノの勉強」と呼んできた。

■ そもそもなぜ英語を学ぶのか

ここまで勉強全般についての注意点を述べてきたが、英語学習へと話を進めることにしよう。

いよいよ英語学習を始める、その前に、なぜ今英語を学ぶのかを最初にじっくり考えていただきたい。なるべく具体的に、たとえば「海外支社のスタッフとのオンライン会議をスムーズに進行する」「SNSで知り合った異国の友人と英語でメッセージチャットをしたい」「将来は生活の拠点をカナダに移したい」……といった目的をはっきりさせるのである。

「英語ができるようになりたい」といっても、人によって「できる」の内訳はさまざまである。仕事で必要なのか、趣味に活用したいのか。それとも外国の友人を作りたいのか、等々。その際に必要な英語のレベルはどれくらいなのかによって、学習の方法も異なってくるのだ。

私たちは英語のネイティブスピーカーではない。よって、目的に合致した英語力を身につけるために、最適な学習法を選択する必要がある。

ここで大事なのは、何でも良いから英語ができるようになりたいではなく、まず、上記で思い描いた具体的な目的を達成するための「限定的な英語力」を身につけることに的を絞る。そのための勉強法の戦略（ストラテジ

第1章 なぜ英語を勉強するのか？ 025

一、strategy）を立てるのだ。

　勉強法の戦略を立てる際に「限定的な英語力」の内容をよく考えてみよう。これも、できるだけ具体的に考えることがポイントである。

☆仕事で英語の文書を読む必要があるので、まず読解力を高めたい。
☆外国の友人と英語でメールのやりとりをする作文力を身につけたい。
☆字幕なしで映画を楽しみたいのでリスニング力がほしい。
☆ネット会議で海外のクライアントと打ち合わせできるスピーキング力を身につけたい。
……などである。

　英語の学習で重要なのは、読む・聞く・書く・話すという４分野を総合的に伸ばしていくのが理想的である。最終的にはこの４分野についてまんべんなく実力をつけることを本書でも目指す。
　一方、総合的な英語力向上の前段階としては可能なところから課題をクリアしていかなければならない。それこそが「限定的な英語力」に的を絞る、ということである。まずは自分の設定した目的に合わせて、最初にどの分野を重点的に伸ばすかを先に決めて取り組もう。

■目標と計画（戦略）を立てる

　自分なりの「限定的な英語力」を定めたら、いつまで

026　第Ⅰ部　英語勉強法の点検と整備

にどのレベルに達するかを「目標」として設定しよう。

　たとえば「半年後の TOEIC で 800 点を超える」「1 年後には字幕なしで洋画を見られるようにする」などの具体的な目標である。これを定めることで、今から何をどれだけしなければならないかが見えてくる。

　こうした「目標」がはっきりと定まったら、次に「計画」を練る。ここで計画は「長期的な計画」と「短期的な計画」の 2 つに分ける。

　「長期的な計画」とは、自分の人生設計も含めたロングスパンの総合的な計画である。また「短期的な計画」とは、今日これからやることも含めて半年後くらいまでの具体的な計画である。これらをきちんと分けて、じっくりと計画を練ることが目標達成の秘訣なのである。

　英語に限らずいったん決意して勉強を始めると、自分の時間やエネルギー、資金を大量につぎ込むことになる。だからこそ「場当たり的な勉強をしてはいけない」というアドバイスが最初に重要になるのだ。

　いま、「1 年後に英語のニュース番組を視聴できるようにする」という短期的な目標を立てたとしよう。これを達成するためには、さらに、たとえば次の 3 項目に分けて学習する必要がある。

1．約 1 カ月かけて英文法をきちんと学びなおす。
2．その後、やさしいリスニング教材で聴く力を高める。
3．時事英語に慣れるために、毎日のニュースは『The New York Times』のサイトでチェックする。

総合的な計画を最初に立てて、分割して学習していく戦略である。

　このとき注意しなくてはならないのは、当初掲げた目標に合致しない戦略を立ててはならないという点である。特に、あれこれと欲張ってしまい、達成不可能な戦略とならないようにしたい。小さな達成の積み重ねが、総合的な達成につながるからである。

　さらに、これまで自分が取り組んできた英語学習の問題点はどこにあったのか、振り返ることを習慣にすると良いだろう。こうすることで、自分にとってどの方策が効果的なのかが見えてくる。時には取捨選択をし、自分に合った学習法のカスタマイズを進めてほしい。

　さらに、言語を習得するとは本来どういうことかといった本質的な内容も、学習を進めていくうえで大切な情報となる。

　本書では英語学習の根底にあるべき「言語観」についても第2章において解説する。それらを参考にして今の自分にもっとも合った戦略を立てていただきたい。

■ 何をどう勉強するか「戦術」を練る

　次にこうした戦略に沿って、より短期の計画を具体的に練る。これは戦略に対して戦術（タクティクス、tactics）と呼ばれる。

　たとえば先の項目1.では、まず文法を学びなおす際に使用する教材を選ぶ。次にその教材の具体的な使い方を決める。そして、その教材を何曜日に何時間学習する

028　第Ⅰ部　英語勉強法の点検と整備

のか、といった具体的な学習時間を決める。最後に、教材をいつまでに終わらせるのかといった全体のスケジュールを定める。

戦術を練る際には、こうした具体的な内容や期限まで細かく決めておくことが大切である。勉強を始める前に、持ち時間とゴールをきちんと予測しておく。

英語学習とひと口に言っても、文法学習やリスニング練習など、さまざまな分野に分かれる。本書では、総合的に英語の力を向上させることを念頭に置くが、以下の分野に分けて訓練する。

１．読解（第3章）
２．単語（第4章）
３．文法（第5章）
４．リスニング（第6章）
５．英作文（第7章）
６．発音・スピーキング（第8章）

ちなみに、こうした分け方そのものが戦略的な学習法の考え方なのである。そしてそれぞれの分野ごとに、一人ひとりの目的に合わせて具体的な戦術を立てる。

ここでは持ち時間や達成目標のレベルに合わせて、大胆に取捨選択することも大事である。**ポイントは、三日坊主にならないことである。**

実は、本書で示す学習法は、英語に限らず経済学でも地球科学でもすべての科目で通用する。英語学習で「戦略」と「戦術」を使いこなして成果を挙げることに成功

第1章　なぜ英語を勉強するのか？　029

したら、他のさまざまな場面でも活用していただきたい。

■ 資格のための勉強、かくあるべし

　ビジネスパーソンが英語を勉強する際、英語の資格を得るという一般的なモチベーションがある。昇進のため、転職のため、スキルアップのため、もしくは資格コレクション充実のため、はたまた人に自慢したいため、等々。

　各種試験に挑戦する理由はさまざまだが、最初に押さえておきたいのが、「なぜ英語の資格を得るのか」ということである。

　受けようとしている試験が自分の人生戦略に合致しているかがはっきりしていない人が少なからずいる。試験に合格することは、あくまで1つの手段に過ぎない。

　そこをあいまいにしたまま試験にチャレンジしても、ただの資格マニアになるだけだ。合格証は居酒屋で酒の肴になるかもしれないが、人生目標を達成する手助けにはならない。

　受験目的を明確にしたうえで、その後の試験勉強は徹底的に「効率主義」で取り組むことが肝心である。たかが試験とはいっても、いったん受けるとなると膨大な時間とエネルギーを費やすことになるからだ。

　私は中学生の頃、学校の先生から「英語と数学はコツコツ勉強しなければいけない」と教えられた。言われてみると確かにその通りである。日本史や生物の定期試験なら、試験前日に一夜漬けで暗記すればそこそこの点数

を稼げる。

　しかし英語や数学は違う。一晩だけ努力したところで解答をすらすら書くことは不可能だ。階段を上っていくように、勉強を基礎から毎日積み重ねる必要がある。

　当時の私が、英語力アップのために活用したのが英検（実用英語技能検定）だった。英検の出題は今も昔も、「読む」「書く」「聞く」「話す」の４要素をすべて押さえている。私が受験した頃には「話す」試験はなかったが、2016年度より５級と４級においてもスピーキングの試験が加わった。

　また試験日程が年３回と決まっているので、試験日を目標にして勉強計画が立てやすい。過去問題集や参考書が簡単に手に入るので、取り組むべき内容もはっきりしている。

　英検対策の勉強を続けて級位を上げていけば、無理なく英語力をアップできる。当時の私はここに着目し、「資格を取る」という発想で英語力を高めることにした。

　中学生ながらビジネス感覚でシステマティックに英語を勉強した結果、中学２年で３級、高校１年で２級に合格した。資格取得をモチベーションにして着実に英語力を身につけることができたのである。

　ちなみに、当時いちばん熱心に使った教材は、リンガフォン協会の『American English Course』というSP盤レコード16枚付きセットである（次ページ図）。海外を飛び回っているエンジニアの父が買ってくれたのだが、読む・書く・聞くをうまく連携し単語帳まで用意された、中学生も使いこなせるものだった。

第１章　なぜ英語を勉強するのか？　031

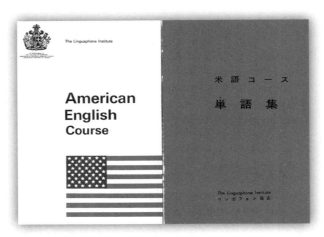

リンガフォン協会『American English Course』

　さて、私の英検体験は、試験を効果的に勉強に活かすための2つのポイントを含んでいる。1つは試験という具体的な目標を介することで合理的な勉強ができること。もう1つは、試験合格への近道を走ったプロセスは、その後のすべての勉強に応用できたということである。

　そして勉強には「こうすると効率的だ」というノウハウが必ずある。そのノウハウを自分でカスタマイズできれば、その後の人生にも大いに役に立つのである。

　そのノウハウの具体的な内容については、後の章で説明していくことにしよう。

第2章 コミュニケーション・ツールとしての英語

■「言語観」をつかめ

　英語ができるようになりたいが時間がない、どのように取り組めばよいかわからない、という人が日本には残念ながら数多くいる。英語は決して習得困難な「特殊技能」ではない。ある程度の時間をかけて適切な方策で学習を続ければ、必ずできるようになる。

　英語を効率よく学ぶためには、人間の「コミュニケーションの構造」そのものを知っておく必要がある。ふだん私たちは日本語を自由に操っているが、外国語の学習には母語の習得とは異なるメカニズムが働いている。

　ここで外国語を習得するための「言語観」、すなわち合理的な習得のためのメカニズムやポイントを前もって知っておけば、その後の勉強が楽に捗る。

　英語学習をなるべく客観的・分析的に見つめ直す際には言語学と心理学の知識がたいへん役に立つのである。

　多くのビジネスパーソンは、書かれた英文について、各単語の日本語での意味が何となく分かっていれば訳せる、と思っているだろう。しかし、それでは英語はいつまでたっても使えるようにはならない。

　言語の構造が基本的に異なっていることを無視して「何となく」訳せても、やや複雑な文章に出会うとたちまち意味を取り違えてしまう事態になりかねない。こうした間違いを、ビジネスの実務に直結する契約書や企画

第2章　コミュニケーション・ツールとしての英語　033

書を読むときにしてしまったら大変なことになる。

　本書が目指すところは、英語が日本語とまったく異なる言語の「構造」を持つことを知り、その結果として読者の皆さんに英語を自在に使えるようになってもらうことである。英語がフィーリングで何とかなる、と勘違いしている人たちの考え方を変える、というのが目標である。

　言語を成り立たせている構造をしっかり理解することにより、英語がきちんと使えるようになる。言語学の初歩を学び、場当たり的な英語の知識ではない、本格的な英語力が身につくのだ。その結果を、さまざまな現場でのコミュニケーションに活用していただきたい。

　小手先の文例や慣用表現をいくら覚えても、英語を「構造」的に使えるようには決してならない。逆に、**簡単な英文でも、それぞれの単語の働き方が正確に分かれば、他の場面においていくらでも応用が利く。これが言葉を「構造的に理解」したという状態で、私が目指している習得法である。**

　これは、**英語を１つのシステムとして捉え、仕組みを分解して理解していくという理系的な学習法**であり、努力と根性でがむしゃらに取り組む勉強から解放するものでもある。

　学習効果を高めるためには、自分が納得する学習法を見つけることが重要だ。フィーリングではなく「構造」で学ぶために必要な考え方を提示しよう。

■人は「思い込み」で生きている

　人はものを考えるときに、考え方の型といったものがある。それぞれ異なる価値観を既に持っているからだ。頭の中の思考パターンといってもよい。

　人は思い込みの強い動物である。何事も、初めて接したときの印象に強く縛られる。新しく出会った世界に対して、最初に持った見方に支配されるのだ。

　思い込みのことを「フレームワーク」（framework）という。考え方の枠組みのことである（拙著『成功術　時間の戦略』文春新書、81ページを参照）。

　人間は、自分のフレームワークに合ったものだけを摂取してゆく傾向がある。本を読むときに、気に入った文句だけが頭に入ってくることを想像すれば、その性質は理解できるだろう。

　好きな本は、繰り返し読みたくなる。気に入った文章だけ何度も読んでいれば、自分のフレームワークを強化することになる。思い込みが、さらに強くなっていくのである。その結果、人はますますフレームワークから自由になることができない。

　「人の頭の中はフレームワークが支配している」というのは、20世紀の心理学の到達した重要な結論の1つである。**コミュニケーションが成り立つということは、ある人のフレームワークともう1人のフレームワークとが合うということである。**

　自分の言うことが相手の頭の中にすっと入るためには、相手のフレームワークにとって認知しやすいものでなければならない。このような仕組みを、心理学では

第2章　コミュニケーション・ツールとしての英語　035

「認知論」という。

　自分の思い込みから自由になれないという事実は、母語以外の言語を学習する際にきわめて重要である。人は自分のフレームワークに合致したことだけしか、頭に入らないからだ。つまり、コミュニケーションの構造に横たわっている原点なのである。

　自分の考えを相手にきちんと伝えることができて、はじめて仕事もうまく進む。どんなに良い仕事をしても、世の中の人に分かってもらえなければ評価されない。フレームワークを考えることは、自己実現のためにもきわめて重要なのである。

　「思い込み」どうしの間に上手に橋渡しをしよう、というのが、本章の目的である。以下では、いくつかの実例を挙げてフレームワークの橋渡しについて考えてみよう。

■ フレームワークの橋渡し

　人間の思考はすべて言語によって行なわれており、人のものの見方や感じ方は、使う言葉によって大きく左右される。つまり、日本語を話す人間と英語を話す人間とでは、そもそもの世界の捉え方が異なっている。**言語の違いが、頭の中のフレームワークの形成にも大きな影響を及ぼしている。**

　具体的な例を挙げてみよう。英語と日本語とではものの数に対する感覚がまったく異なる。

　いま、日本語の小説を英語に翻訳するとしよう。たとえば「道で子どもが遊んでいる」という和文があると、

036　第Ⅰ部　英語勉強法の点検と整備

翻訳者は困ってしまう。子どもが1人なのか数人なのかを決めなければ英語に訳せないからだ。もし必要があれば翻訳者は原作者に問い合わせるだろう。

英語と日本語のフレームワークの違いのせいで、こんな簡単な文でも翻訳が進まない。原作者に聞かなければ分からないのは、内容がむずかしい個所ばかりではない。ここで上手に「橋渡し」をしないと、原作者の持つイメージが英語の読者には伝わらないからだ。

このように英語という言語はものの「数」に対して非常に敏感である。何についても数がいくつあるかを正確に表現しようとする。

というのはヨーロッパ言語には、言葉にできることは極力言葉にするという特徴があるからだ。哲学者の**ルートヴィヒ・ウィトゲンシュタイン（1889～1951）**は「言語の限界は世界の限界」「語りえぬものは沈黙しなければならない」と語ったが、まさにこの世界観である。

日本語と英語には重要な違いがある。日本語では主語が省略されることが多く、いちいち「私が」「あなたは」などとは言わない。これに対し英語では、原則として主語が省略されることはまずない。

日本では「明らかなことはわざわざ口に出さなくてもいい」となるが、自己主張ができることが前提の欧米人にとって、分かっていることを明瞭に言えない人は社会でうまく暮らせない。

よって、直截的な物言いを避け、こちらの意図を相手に察してもらうことを期待する日本人には、むずかしく感じる場面が多々生じる。よって、英語の裏に潜む意図

第2章　コミュニケーション・ツールとしての英語　037

を下手に深読みすると、しばしば失敗してしまう。

たとえば欧米のホテルで目玉焼きを注文する際にも、片面だけ焼くのか両面を焼くのか、焼き加減はどれくらいが好みか、などについて細かく聞かれる。

言葉を発する側も、受け取る側も、言葉にできることは極力言葉にして、きちんと伝えようとする姿勢がここにもある。こうした英語世界の「当たり前」に早く慣れれば、上手に使いこなせるようになるのである。

ところで、英語と日本語のフレームワークの違いを気軽に知りたい場合、**YouTube チャンネル「Kevin's English room」** は一見の価値がある。

登場するのは、アメリカ生まれ・アメリカ育ちのバイリンガルであるケビン、その友人の日本人２人だ。番組では、日本の学校で習うけれどネイティブにはとても変に聞こえる英語（例えば **"Sit down."**「座れ！」）など、文化的なギャップの在りかをさまざまに紹介してくれる。

つまり、「こういうところにフレームワークの差があるのだな」と、とても勉強になるのだ。解説は主に日本語で、差し挟まれるケビンの英語はとても聞き取りやすいので、勉強の息抜きに見ることをお勧めしたい。

■ 「トピックセンテンス」という約束

私が大学を卒業して通産省（現・経済産業省）の地球科学の駆け出し研究官になった頃のエピソードがある。火山の研究成果を最初に書いた英文レポートをネイティブに直されたときに、ひどく驚いた。真っ赤に直されたレポートが返ってきたのだ。

英語の論文では、段落の冒頭に主題や主張を書かなければならない。最初の一文は「トピックセンテンス（topic sentence）」と呼ばれるのだが、その段落のポイントを端的に述べなければならないのである。

こうしたことは日本語の論文には存在しないので、初めて指摘されたときはいささか面食らった。学生時代にも英語でレポートを大量に書かされたが、教授たちから教えられたことはなかった。

トピックセンテンスは、欧米語の約束といっても良いものである。英語と日本語の間に横たわる「フレームワークの違い」がここにも存在していた。もちろん、「郷に入っては郷に従え」の通り、私はトピックセンテンスをきちんと提示した文章に、全面的に書き直した。

こうした約束事を理解することも、英語学習の大事な側面である。

■ 人生を変える英語学習

最近は「自動翻訳アプリ」の性能が大幅に向上している。また会社の業務ではプロフェッショナルの翻訳家や通訳の力を借りることもあるだろう。ハリウッド映画を字幕で見たり、英語からの翻訳小説を楽しんだりする人も多い。

一方、こうした際には翻訳者や通訳者を通して日本語で理解しているのだから、原文の内容が少なからず変化していることに気づかないことになる。本来の英語が持つニュアンスを犠牲にして、日本語で分かる範囲に限って翻訳されているからだ。

本当は、英語で表現されたものはそのまま英語で理解するのが理想である。さらに英語を使う人に対しては英語で発信したい。論文やビジネスレターを英語で書いたり、会議のプレゼンテーションを英語で行なう際に注意が必要だ。

　すなわち、翻訳アプリの AI に頼った付け焼き刃の英語で切り抜けるのではなく、英語の言語観をしみこませた自らの頭で考えた「英語らしい英語」でコミュニケーションを取りたい。その結果、ネイティブスピーカーとの「フレームワークの橋渡し」がスムーズにできるようになる。

　視点を変えてみれば、**新しい言語を習得すること自体が、自己のフレームワークを大きく「進化」させてくれる**ことに気づくだろう。**やがて外国語を学習すると自分が既に持っているフレームワークが明確になり、ものの見方や考え方の枠組みに変化が生じるのだ。**

　きちんとした英語を介して相手のフレームワークを理解することで、自分の理解できるフレームワークの数も増える。こうして**英語の習得は、人生を豊かにするためにも大いに役立つのである。**

　古代ギリシャの哲学者ソクラテス（？～紀元前 399）が説いたように、**「学ぶとは自分が変わること」**である。自分の世界を広げるためにも人生を変える英語学習を目指していただきたい。

■ 「苦労なし」の英語

　私の学生時代に、『French Without Toil』（初版 1940

年。Assimil 社）という教材があった。直訳すれば「涙なしのフランス語」とでもなるだろうか。フランスの多言語習得者（ポリグロット）が外国語学習のために開発した教材で、英語で書かれたテキストだ。

当時は、外国語を習得したい若者のみならずビジネスパーソンにも人気の高い定番シリーズで、私はドイツ語やスペイン語もこれを活用して勉強した。

実はこの定番シリーズにあやかり、「苦労なしの英語」こそを本書は目指している。巷の英語学習指南書によくある「徹底的に英語を叩き込むように練習しましょう」は外国語学習の際には **NG** なのだ。この言い回しでは、そこまでの情熱を注ぎこめなかった多くの読者の「やる気」と「士気」を大きく削いでしまうからだ。

すなわち、**英語学習というのは、英語という「コミュニケーション・ツール」を身につけることなのだから、気楽に勉強を始めることが大切なのである。**

たかが英語、されど英語。できるだけフラットな気持ちで取り組んで、いつのまにか上達している自分に気づくこと。

言い換えれば、外国語学習では訓練が決して好きでない人たちを追い詰めてはいけない。『**French Without Toil**』が世界中で支持されている理由はここにあり、私がこの教材から学んだ最大の教訓もこれに尽きるのである。

本書の読者には、「英語の学習がこれまでうまくいかなかった人」も少なくないだろう。まさにそういった読者にこそ有用な学習法を伝えたいとの思いで筆を進めて

第2章　コミュニケーション・ツールとしての英語　041

いる。**大切なことは、努力が辛くてしんどいと思っている人たちにどうやって本来の「力」を出してもらうか**である。

ポイントは１つ。「英語を勉強しなおそう」という気持ち自体が、ほんらい極めて尊いことなのである。だから私はもう一度勉強しなおそうと思った方を全力で応援する。

ただし、英語勉強法に関する多くの類書が「近道」を示しているのに対して、本書では、人間が学習することの本質に基づいた「王道」を提示したいのだ。

これは拙著『理系的アタマの使い方』（PHP 文庫）で述べた方法論でもあるのだが、**達成したい目標を具体的に細かく決めて直ちに開始する。また、反復練習でも最初に戦略を立て、次に戦術を練る。**

そして自分に合った教材を選び、スケジュール帳を見ながら勉強法を常に自分用にカスタマイズすることを意識して、コツコツと進めていく。しかも軌道修正は日常茶飯事のように行なっても良いのである。

英語は習得のむずかしい技能では決してなく、合理的な方法を用いて相応の時間をかければ、誰でも必ず上達できるようになる。これだけ伝われば本書は大成功なのだ。

第Ⅱ部
英語を使いこなす基本技術

第3章 | 読解力がすべての基礎となる

■ 読解は「コミュニケーション」の１つである

　さて本章からの第Ⅱ部では、英語を使いこなすための基本技術の習得法について解説していこう。まず本章では、読解力について見ていく。

　中学や高校の英語の授業では英文読解を必ず行なうが、それは英語学習の基本だからである。本章では、英語の意味を正確につかむ際のさまざまな機能を分析し具体的な方策を提起しよう。

　最初に強調したいことは、英語の読解は決して習得困難な「特殊技能」ではないという点である。ある程度の時間をかけて適切な方策で続ければ、必ず英文読解ができるようになる。

　外国語の学習には母語の習得とは異なるメカニズムが働いている。効率よく英語の文章を読むためには、人と人とのコミュニケーションの構造そのものを知っておく必要がある。外国語の合理的な習得法のヒントがここにある。

　英文の読解に際しても、言語はコミュニケーションの手段なのだという原則を念頭に置き、合理的に取り組んでみる姿勢が重要である。

　さあ、読解についてさらに深掘りしてみよう。

044　第Ⅱ部　英語を使いこなす基本技術

■ 英文を読む訓練

　英文を読む訓練には、読む量に重点を置いた**「多読」**と、読み方の質に重点を置いた**「精読」**の2つの方法がある。

　前者の「多読」とは、小説や記事などなるべくたくさんの英語に触れ、読み進めることを重視する。これに対して後者の「精読」とは、一語一語をていねいに、言い換えれば精密に読むことである。英語を読む力を向上させるには、この多読と精読をうまく組み合わせた実践が必要である。

　まずは「多読」の合理的な方法について見ていこう。多読とは文字通り、「読むスピードが上がる」「英語を英語のまま理解できるようになる」といった効果が期待できる訓練法である。

　特に日本では中学・高校の6年間で目にする英文量が絶対的に不足しているのではないだろうか。教え子である京大生を見ていても感じることである。よって、自主的に多読訓練を行なうのは、効果的というよりもむしろ必須だと私は考えている。

　ところで、近代における「英語の達人」として知られている一人に**夏目漱石（1867〜1916）**がいる。英語教師の経験がある漱石も、多読の効用を説いているのだ。16歳で入学した予備校でまず多読を心がけ、英語力を伸ばしたという。

　当初は英語が嫌いだった漱石は後年、「英語を修むる青年は、ある程度まで修めたら辞書を引かないで無茶苦茶に英書を沢山読むがよい」（**『現代読書法』**、1906年）と

述べている。多読は 100 年以上前から実践されてきたクラシックで確実な英語習得法なのだ。

■ 多読の 3 原則

　英語の多読学習には「多読の 3 原則」というメソッドがある。

1. 辞書を引かずに楽しめるものを読む
2. 分かるところをつなげて読む
3. 自分がおもしろいと思う本を選んで読む

である。

　ところで、多読に対する批判として、原則 2. とも関連するが、「分からない箇所を飛ばし読みしていたら英語力はつかない」という意見がある。確かにその通りで、分からない箇所を次々に無視して読んでいたのでは内容も分からず、また長続きしないだろう。

　したがって、**多読で力をつけるには、「自分の英語力で読める本を選ぶ」必要があるのだ（原則 1.）。多読の成否はひとえに英書の選び方にあるのである。**「わからない語があっても辞書を引かず飛ばして読む」ではなく、**「分からない語があまり出てこない本を選び、たくさん読む」**というのが多読のコツである。

　そのために、自分がおもしろいと思えるジャンルや題材をセレクトすることも大切だ（原則 3.）。

　大量の英語に触れる多読は欠かせない訓練であるが、多読をさらに有効にするためには、「英語の正確な読み

046　第Ⅱ部　英語を使いこなす基本技術

方」を身につけておく必要がある。

スポーツにたとえると、多読は練習試合のようなものである。テニスの入門者がいきなり練習試合をするのは不適切だ。

というのは、それを繰り返すだけでは基本的なフォームが身につかないからである。練習試合に臨む前に一定期間しっかりと基礎訓練に取り組むほうが、後のプレイをより上手にできる。

英語学習も同様で、多読を開始する前にしっかりと基礎的な練習を積む必要がある。これは、もう1つの読み方**「精読」**において、身につけておきたい。

ただし、ここに問題点がある。というのは、文法や単語と違って、英文読解の基礎訓練をみっちりと受けてきた人は少ないからである。多読を始める前に読解の基礎訓練が必要なのである。

これが「精読」に通じるが、その基本は「感覚で読まない」という一言に尽きる。英単語を日本語に直し、それを適当につなぎ合わせて「こんな感じかな」という安易な読みはしない、というのが大原則なのである。

■感覚に頼らない論理的な読み方とは

次に、「精読」すべき英文の探し方と読み方について見ていこう。先ほども述べたように、**精読のポイントは「感覚に頼らない」読み方である**。逆に言うと「論理的な読み方」が重要で、これを実践する秘訣は「全ての単語を無視せずに読む」ことである。

英文に含まれる全ての単語には、「意味」と「意義」

と「つながり」がある。これまで英文を読むときに、代名詞（it）や冠詞（aやthe）や前置詞（inやtoなど）を、全てきちんと解釈してきただろうか。あまり気にせず、なんとなく読み飛ばしていたのではないだろうか。

実は、**英文では単語がそこに存在する以上、全ての単語に必ず存在意義がある。言い換えれば、英文中に不要な語は１つもない。全ての単語が意味を有し、さらに前後との「つながり」を持っているのである。**

したがって、どんなに面倒でも一語一語の意味とつながりを考えながら読まなければならない。また、時には辞書や文法書で調べながら読む訓練も必要である。

たとえば、この**it**は何を指して「それ」といっているのか？　ここの冠詞はなぜa（ある１つの）ではなくて、**the**（その）なのか？　こうした疑問を持ちながら、ていねいに読んで１つ１つに解答を与えてゆく癖をつけるのである。

このように精読していこうとすれば、最初は、ほんの数行を読むのに数十分もかかるかもしれない。しかし、基礎訓練には必要な作業であるから、粘り強く時間をかけて読むようにしよう。

先に紹介した漱石は『**坊っちゃん**』の舞台となった松山の尋常中学校で、実際に英語を教えていたことがある。彼は多読を勧める一方で、構文と文法を細かに説明し、１時間に３、４行しか進まないこともあったようである。

漱石はまた、佐賀県の中学生に向けて英語学習に関する講演を行なっている。ここでは、「諸君は一字一字を

048　第Ⅱ部　英語を使いこなす基本技術

忽せにせず、読易き本を熟読」せよと説いていた（**川島睦保『英語教師　夏目漱石』新潮選書**、108ページ）。

とはいえ、人間のコミュニケーションの手段である言語を相手にしているのであるから、どうしても理屈では割り切れない部分が出てくることもあるだろう。

全ての単語を理解しながら読むという方針と一見矛盾するようであるが、**ていねいに読んでもわからなければ、その部分を棚上げして次に進むことも大切である**（多読の原則2.）。もう少し訓練を積んだ後で読み返してみると、案外簡単に理解できる、ということがよくあるからである。

私はこの方法を**「棚上げ法」**と呼び、英語だけでなくあらゆる勉強や仕事の進行にも活用している。越えるのが難しい壁にぶつかったら、明るく「棚上げ、棚上げ」と唱えながらやり過ごすことが肝要である。

■ 文法の「無意識化」の境地をめざせ

こうした読み方は訓練であるから、繰り返し積み重ねていけば、最終的には無意識のうちに正しく解釈できるようになる。

最初に「感覚読みをしてはいけない」と述べたが、実は、英文を無意識のうちに正確に解釈できるようになると、良い意味で「感覚で読んでいる」と感じられることも事実なのだ。

たとえば、**a** や **the** や **it** をいちいち点検しなくても、「感覚的に」わかるようになる。すなわち、これが「文法を意識せずに正確に読める」ようになった状態であ

る。

　むしろ、いつまでも一語一語を吟味しながら読んでいては、自然なスピードで読むことはできない。最終的には、このように「感覚で読んでいる」と実感できるように修練を重ねていただきたい。この境地に到達すれば、すいすいと気持ちよいくらいに読解が進められるからだ。

　そういう意味で、この感覚はスポーツと似ている。必要な動作を1つ1つ意識的に訓練し習得した後に、それらの動作を「条件反射」的に行なえるようになる。

　上達すると手の動かし方や足の運び方をいちいち意識はしなくなる。同様に、英語を読むときも、文法を無意識的に使いこなせるようになることを目標にしていただきたい。

　読解の段階は次の3段階にまとめられる。

1．文法を強く意識しながら読む
2．文法を確認しながら読む
3．文法を意識せずに読む

である。

　そして英文の読解は、最終的には**「文法の無意識化」**に向かって進化していくのである。

■ 辞書の効果的な使い方

　英文をていねいに読む際の秘訣は、もう1つある。単語の意味をゆるがせにしないことが重要であると既に述

050　第Ⅱ部　英語を使いこなす基本技術

べたが、そのために、辞書を徹底的に活用することである。辞書を引く作業は、知らない単語の意味を探し出すだけではないことに注目していただきたい。

　しかし、京大生でも辞書を効果的に活用できていた学生はむしろ少数派であった。たいていは見出し語の隣に記載されている訳語を眺めるだけで終わっている。これは多くの人が思い当たる辞書の使い方ではないか。じつはこのような現象は、英語が得意でない人によく見られる使い方なのである。

　では、どう辞書を使うのが効果的なのか。コツを伝授しよう。まず、**辞書は「意味」を調べるのではなく、「用法」を調べるものだ、と認識していただきたい。**

　特に、動詞は使われ方（**語法**と呼ぶ）によって意味がさまざまに変化する。したがって、文中での用法と辞書の記述を照らし合わせながら調べないと、意味不明な解釈になりかねない。

　自分の知っている語であっても、いや知っている語だからこそ、用法や使われ方（語法）を確認しなければならない。**「自分の知っている「語」だけれども、知らない「用法」かもしれないから辞書で確認しよう」と思って引くことが大切である。**

　少しでも気になる語があったら億劫がらずに辞書を引く。この作業を続けるためには電子辞書が最適である。

　最近では小型で非常に高性能、さらに安価な電子辞書がたくさん出ているから、英文を読む際には常に手元に置いておきたい。さまざまなメーカーから発売されているが、その多くに**『ジーニアス英和辞典』（大修館書店）**

第3章　読解力がすべての基礎となる　051

が収録されている。

　また、スマートフォンで使用できる有料・無料の英和辞書アプリもたくさんある。ただし、スマートフォン用の無料辞書では、語法等の記述が不足しているので、**アプリ版『ジーニアス英和（第6版）・和英（第3版）辞典』**などの有料版を併用することをお勧めする。なお、**『ジーニアス英和辞典MX』**というお手頃な簡易版も販売されている。

　お気に入りの電子辞書や辞書アプリを使って、最初は「とにかく何でも調べる」という姿勢を確立していただきたい。一番大事なことは、とにかく使ってみること（実践）である。その中でさまざまな発見をし、時にはその発見に感動すら覚え、少しずつ読解力と語彙力が増していくことを、ぜひ実感してほしい。

■ 英文を読む最初のステップ

　ここまでに述べたような方法で、辞書を丹念に引き、ていねいに英文を読むだけでも読解力は大幅に向上する。しかし、文構造が複雑になると、それだけでは太刀打ちできない場合も出てくる。

　そうした際に必要なのが、**英文構造を正確に把握し、それを日本語として理解する**というステップである。よって最初に、英文の構造を把握する方法について述べよう。

　まず鉛筆で英文に記号をつけながら読むのが基本である。つまり、英文の下にSやVといったアルファベットを書き込んだり（Sは主語、Vは動詞を表わす）、かた

052　第Ⅱ部　英語を使いこなす基本技術

まりで意味を持っている部分にカッコをつけたりする作業である。学生の頃に、こうした記号つけをした方もいるかもしれない。

ネイティブスピーカーは記号をつけながら英文を読んだりしないが、**英語学習者の我々は、記号をつけると文の「構造」がよくわかるようになる。**これは英文を読む訓練期には非常に有効な手法なので、学生時代を思い出してぜひ実践していただきたい。

記号をつけながら英文を読むのは、ちょうど「補助輪」をつけて自転車に乗るようなものである。訓練期間中は、記号をつけながら英文を読むことが、読解力を向上させてくれる最大の武器となる。

そして最終目標は、ネイティブスピーカーが読むように、英文を頭から順に理解していくことにある。すなわち、日本語を介さずにそのままの順で読解することを目指したい。

■ 主語と述語を見つける

英語に限らず文章はいくつかの「かたまり」で構成されており、「かたまり」は数語の組み合わせで成り立っている。英文を読むときにも、複数の語が意味的に強く結びついた「かたまり」を意識することで、文の構造が格段にわかりやすくなる。

次に、文の基本構造である主語と述語を確認する。どんなに長い文でも「誰が何をする」という主語と述語が骨格となるので、文の中心になる主語と述語を探し出す。その部分を解釈するだけで、文の大まかな内容が把

握できる。

　英文が複雑になると、1つの文の中にいくつもの「主語と述語」が現われる。一見しただけではどれが文の中心になるのかが分からないこともある。そこで「かたまりを見つける」作業が重要で、どこが中心かを見つけ出す。

　かたまり部分は、文中で「なんらかの説明を加える役割」を担っている。逆に言うと、何らかの説明の追加にすぎないため、その部分がなくても文が成立する。ちなみに、こうした「説明の追加」を「修飾」と呼ぶ。

　その構造が理解できれば、あるかたまりは「文の中心となる主語と述語ではない」、すなわち「修飾部分だ」と判断できる。このような仕分けを順番にしていくことで、文の中心となる主語と述語が見えてくるのだ。

■ 読解こそ「復習が命」

　英語の再学習を始めると、「以前よりも英語が読めるようになった」と感じる瞬間があるだろう。**「英語が読めるようになった」とは、「英文を目にした時に即座に把握できる構造パターンが増えた」ということである。**

　つまり、初見の英文にもかかわらず、「この文構造は見たことがある」「あの時に読んだ英文と同じ構造だ」と気づきながら読めるようになったのだ。

　こうした「気づき」を持ちながらたくさん英文を読んでいくと、最終的にはその気づきさえ「無意識化」していくことができる。全ての読解が、言わばオートメーション化するのである。

054　第Ⅱ部　英語を使いこなす基本技術

そのような段階に達すると、「ややこしいことは何も考えなくても英文が読める」という感覚を持てるようになる。こうなるとしめたもので、英文に触れること自体が本当に楽しくなる。

　では、こうした理想的な読みを行なうには、どうすればよいのだろうか。「このパターンは以前に読んだことがある」と気づくためには、自分が読んだ文章をきちんと記憶に留めておくこと、つまり、「復習」をすることが不可欠である。

　次々に新たな英文を読んでも、頭に残らなければ何にもならない。力をつけることを焦って、読み捨ててしまっていてはならないのだ。

　正しい方法で復習を行ない、時間と労力をかけて読んだ英文を、決して無駄にしないようにする。そうすれば、これまでに読んだ英文の全てが血となり肉となる。よって、まずは「読み捨て」をやめよう。

　継続的に復習をするためには、方法をシンプルにすることが大切である。**英文の読解力向上に役立つ復習法は「音読」である。**それも、精密読解をして完全に理解した英文を、何度も繰り返し声に出して読み続けるのが最も効果的である。

　ただし、この音読にもコツがある。漫然と英文を眺めながら声を出すだけではダメで、「力のつく音読」と「力のつかない音読」があるのだ。

　学生時代に授業で国語や英語の音読をした時のことを思い起こしていただきたい。字面を目で追って機械的に声を出しているだけでは、頭が働いていなかったことは

第3章　読解力がすべての基礎となる　055

ないだろうか。これではいくら時間をかけて音読をしていても実力はつかない。

　この英文を自分の英語力の血肉化する、という意気込みで、集中力を注いで音読に取り組んでもらいたい。

■ 音読筆写の技法

　とはいえ、集中力を持続させ、さらに手応えのある音読を行なうには技術が不可欠なのも確かである。そこで「音読筆写」という方法を紹介しよう。

　文字通り音読と筆写を合わせた練習である。準備するものはノートと筆記具だけ。具体的には、

1. 英文を音読する
2. 音読した部分を瞬間的に記憶し、ノートに書き写す

　たったこれだけ、以上である。なお、長い文の場合には、文中のかたまりごとに区切って練習する。シンプルかつ簡便だが、これが取り組んでみると意外と難しいのだ。つまり、良いトレーニングになるのだ。

　音読筆写は、英文を暗記するために行なう作業ではない。英文中に単語がどのような順に並ぶのかを理解する、つまり英文の構造を把握するための訓練である。

　全文を音読し、書き写す作業を行なうから、短めの文章を使うのがよいだろう。よって100語を超えるような長すぎる英文は適さない。

　できれば、自分が関心のある分野について書かれた英文を選ぶ（本書46ページの原則3.）。また、自分の力に

056　第Ⅱ部　英語を使いこなす基本技術

見合ったあまり難解すぎない文章がよい（同、原則1.）。最初からあまり気負いすぎないことが肝要だ。

なお、素材は英語学習用の題材でなくてもまったく構わない。たとえば、英語のニュースサイトから気になる記事を見つけたり、仕事や趣味に関する英文を選んだりしてみよう。自分の興味関心があり、かつ気に入った文章を使うのが、長くトレーニングを継続するための大事なコツである。

まず、ゆっくりで良いので発音に気を配りながらていねいに読んでみよう。二度、三度と繰り返してももちろん構わない。**音読をしながら、その英文を瞬間的に記憶する。**

次に、記憶した英文をノートに書き写す。ここで単語のつづりは正確でなくても構わない。音読筆写は、英語の「構造を理解する」ことを重視するからだ。したがって、若干つづりを間違えていても、瞬間記憶した英文が書ければよしとする。

もし、筆写の途中で書き続けることができくなれば、もう一度音読からやり直す。筆写した英文は、後で読み返す必要はない。誰にも読めないほど汚い字でよいので、あるスピードをつけて一気に書いてみよう。このように**音読筆写では「勢い」が大切なのである。**

こうして初日に数回連続で、音読筆写の練習を行なう。その後の1週間は、数日おきに繰り返す。さらに数週間後に、もう一度だめ押しの練習をすると非常に効果的である。

特に、お気に入りの英文は、自分の「十八番文例集」

第3章　読解力がすべての基礎となる　057

としてストックしておこう。この文例集を用いて、何回も繰り返し練習を行なう。

　なお、文例集はコピーを取って保管しておく。パソコンに入力してデータ化しておくと、さらに良いだろう。スマートフォンに入れておき、「スキマ時間」に暗記することも可能である。そして音読をしているときは、目の前のネイティブスピーカーに読み聞かせているつもりで読んでみよう。

　また、筆写のときは、ネイティブスピーカーに手紙を書いているつもりで筆記する。もし文例が小説ならば、自分が作家になったつもりで活き活きと書いてみよう。

　なお、**音読も筆写も「自分がこの英文を作り上げているのだ」というイメージを常に持つことが大切である。**

　ここに紹介した音読筆写のやり方はいたってシンプルだが、効果は絶大である。正確な読みができるようになるだけでなく、速読が身についたり、英作文の力が向上したりする。その効用をよく理解したうえで、目的を持って音読法を実践していただきたい。

■ 何を読んだら良いのか

　京大では学生たちから「英文は何を読んだら良いのか？」とよく聞かれたので、これについても述べておこう。

　私は、自分の研究の専門分野については、主要な英文学術雑誌を毎日のように閲覧している。これとは別に世界情勢を知るため、『The New York Times』『The Wall Street Journal』といった新聞や、『Time』『Newsweek』

などの一般誌、さらに深く知りたいときは『**Foreign Affairs**』（国際政治）などの専門誌をネットで読むこともある。

「教養」としての英文購読と言ってもよいが、こうして得た知識は外国人と会食をしたり雑談をしたりする際にとても大事で、会話が非常に盛り上がるのだ。

この歳になるとよく分かるが、ビジネスパーソンでも科学者でも、深い専門を持つ人ほど世界の動きにも敏感なのである。これについては後の章で改めて取り上げよう（本書第9章、157ページ）。

■ 英語上手はコミュニケーション上手

英語の趣味として英米文学を繙（ひもと）くこともある。純粋に楽しみとして読んでいるのだが、そこから得た知識が仕事に繋（つな）がることが少なくない。知的消費がいつの間にか知的生産に役立つ、という面白い例である。

ここには大事なからくりが潜んでいる。というのは、**多くの文学作品は人間模様を描いているので、コミュニケーション上の「フレームワーク」の引き出しが増えてくるからだ。**

第2章で述べたように、誰でも自分の頭の中には固有のフレームワークを持っている。人に情報を伝える際には相手のフレームワークに合わせなければならないから、表現技術がキーになる。

もし自分にたくさんの表現技術があれば、伝える内容や相手によって表現を変えることができる。そもそも文学作品とは表現技術の集大成であり、これを楽しみなが

ら読むことで「フレームワーク」の数が増えてくるのだ。

すなわち、**表現上の代替案のオンパレード**と言っても良い。これを読むことで、自分と他人との「フレームワークの橋渡し」が容易になるのだ。

外国文学に親しむ際には、中学・高校から勉強を始めた英語が一番身近な外国語である。知らない単語もたくさん出てくるだろうから、もちろん辞書を引きながらゆっくりと読み進めるので構わない。要は、フレームワークの橋渡しを考えながら、英語を「楽しんで」読む時間が大切なのだ（本書の第９章を参照）。

ちなみに、京都大学やその他の大学で教えてきた経験からは、英語が得意な学生は総じてコミュニケーションそのものが上手である。

これは社会人でも同様で、英語ができるビジネスパーソンは段取りや折衝が見事である。ここを読んで膝を叩く読者はかなり多いのではないかと思う。

おそらく英語と日本語を行き来することにより、異質な二者間の「フレームワークの橋渡し」に慣れているからだろう。こうして「**コミュニケーションの達人**」を目指すという意味でも、英語を楽しく学びなおしていただきたいと切に願うのである。

身につけたコミュニケーション力は、いつまでも色褪せることはない。ここから英語が好きになる王道が拓けてくるのだ。

060　第Ⅱ部　英語を使いこなす基本技術

第4章 単語力を身につける

単語は「沼」だからこそ合理的学習を

　本章では、英語の修得において避けては通れない、単語の学習方法について述べていこう。

　単語の暗記をまるで苦行のように思っていて、できることなら避けて通りたいと感じているビジネスパーソンは少なくない。

　これはプロの英語通訳の方であっても同じだそうだ。日々知らない単語に出会い、自らの語彙力の不足を嘆いていると聞く。つまり、英語を学習している日本人のほぼ全員が、単語の暗記に頭を悩ませているといっても過言ではない。

　要は、語彙力が高いに越したことはないが、勉強すればするほど、際限なく「知っておきたい単語」が湧き出てくるのが、実は英語学習の世界なのである。

　そのことを念頭に置いたうえで、合理的な単語学習について考えてみよう。目安として、一体どれくらいの単語を覚えておけばいいのだろうか。

　単語学習も文法学習も、多くの事項を暗記しなければならないという点では同じである。ところが、文法では学習の総量が想像できるのに対して、単語学習は上記の通り「沼」のようで、どれだけ勉強しても際限がないように感じてしまう点が決定的に違うのだ。

■「記憶呼び起こし法」で解決

　こうした「苦痛の沼」に陥らないため、簡単な解決策を先に述べておこう。**英単語の「記憶呼び起こし」という方法**である。

　現在、義務教育の小学校・中学校で学習する英単語は2200語ほどである。よって、中学レベルの簡単な英文を読みながら、最初にこの2200語を呼び起こすのである。ここで音声教材を併用すれば、苦もなく勉強が始められるだろう。

　ちなみに、一般的な英語のコミュニケーションの9割をカバーするには、おおよそ3000語が必要とされている。すなわち、英語圏で生活する中で出会う語を頻度の高い順に並べていくと、上位3000語で全体の9割を占めることが分かっている。

　実は、日本語と比べて英語は、ずっと少ない数の単語で日常生活が送れるようになっている。つまり、**基本的な3000語さえ覚えれば、会話や文章の大部分が理解できるということになる**。

　それに対して、日本語では、カバー率90パーセントを超えるためには、1万語弱を覚えなければならないそうだ。たとえば、3000語では、日常生活で用いられる語彙の75パーセントしか理解できないのである。

　つまり、日本語は3000語を覚えても、まだ4語に1語が見知らぬ単語ということになる。これでは、新聞雑誌を読むのにも苦労する。

　たしかに、日本語では自分を指す言葉が、「私」「僕」「俺」などと複数あるが、英語では「I」だけである。日

062　第Ⅱ部　英語を使いこなす基本技術

本語を学ぶ外国人にとって、日本語語彙の豊富さはとても厄介（やっかい）なのだそうである。

具体的に「非難する」という例で、記憶呼び起こしを考えてみよう。以前 SNS の Facebook で、英語の達人である私の友人たちの間で盛り上がったのが、1000 語ずつの語彙水準でどこまで単語をおきかえられるかというチャレンジである。

まず 3000 語水準では「criticize」、5000 語水準では「condemn」、6000 語水準では「denounce」。ここまでは、おぼろげながら知っているかもしれない。

そして次の 7000 語水準では「censure」、8000 語水準では「admonish」、9000 語水準では「reproach」、1 万語水準では「rebuke」となる。

ここで初歩の 2000 語水準に戻ってみると、「attack」という言葉が出てくる。3000 語水準の criticize と比べたらずいぶん身近な単語で、「アタック」は日本語でも日常使いだ。

「非難する」を翻訳する際、学校英語では「criticize」が最初に用いられる。そして少し勉強が進むと「condemn」と「denounce」が出てきて、大学入試に臨む準備ができた気が（少しだけ）する。

この場合、「condemn」と「denounce」は英文読解では意味が分かるが、自分で書く文では使えない。つまり、英作文で頭から出てくるのは「criticize」までが限界なのである。

換言すれば、英文解釈では 6000 語水準まで、英作文では 3000 語水準までが使いこなせる限度ということに

第 4 章　単語力を身につける　063

なる。

　そして、先に挙げた 2000 語水準の「**attack**」は、米国留学中の私には「確かにネイティブはしょっちゅう使っていた」という感覚である。ここに学校英語と実際に使われる英語との大きな違いがあるように思う。

　ちなみに、友人の英語達人たちは、「学術論文でもせいぜい condemn くらいですね」「目にするのは rebuke まで。でも目にする、目にしたことがあるというだけです。おっしゃるように、学術論文でも condemn までですね」と言っていた。

　私の見立ては先に書いた通りなので、1 万語水準の「**rebuke**」などは目にしたこともなかった。友人たちがいかに英語に頻繁に触れているかがよく分かる例でもあった。

　さて、本題に戻ろう。コミュニケーションの基本は、いかにして限られた能力で最大の意思疎通が行なえるか、である。

　すなわち、**少ない基本語で日常的なコミュニケーションを賄えるのであれば、それに越したことはない。**よって、むやみやたらに単語を増やすことはないのである。

　むしろ、英単語を知らないという恐怖感から解放されることが、英語を勉強する上ではとても大切な心構えとなる。

　実は、英語を含めてヨーロッパの言語は、もともと非常に使いやすい言葉なのだ。ちなみにフランス語は、2000 語で日常生活語彙の約 90 パーセントをカバーできるそうである。だから 500 語でも 1000 語でも、立派に

064　第Ⅱ部　英語を使いこなす基本技術

自分の意思を伝える方法はあるのだ。

■ 「基本語」を使いこなす技術

　さて、一般的な英語のコミュニケーションの9割をカバーできる3000語には、a や the など既によく知っている語もたくさん含まれている。中学英語で習った語も多くあるので、今から新たに3000もの単語を覚えなければならないのではない。

　むしろ、頻度の高い基本的な3000語をきちんと使いこなすことで、大半が表現できるのである。特に一般人が英語を使う際には、こうした「基本語を使いこなす」技術が非常に大切である。

　たとえば、日本語には「落ちる」と「落下する」という似た意味の表現がある。「落ちる」のほうが使い勝手がよく、日常生活のより広い範囲で使用される。

　「机から消しゴムが落ちた」とは言えるが、「机から消しゴムが落下したので拾っていただきたい」などと言うと不自然である。

　英語でも同じことが言えるので、まずは基本語の使用法に慣れることから始めたい。しかも、その数は日本語よりもずっと少ないのであるから、必ず使いこなすことができる。

　ところで、現在の世界で英語を話す人の7割が非ネイティブスピーカー、という統計がある。世界のあちらこちらで、私たち日本人も含め非ネイティブスピーカー同士が英語でやり取りをしているのである。

　こうした現状を踏まえ、非ネイティブスピーカーが習

第4章　単語力を身につける　065

得しやすいように、限られた数の単語だけを用いる簡易英語が開発された。

　フランス人のジャン＝ポール・ネリエールが提唱している**グロービッシュ**（Globish／グローバルなイングリッシュ）である。**基本単語1500語のみで必要最低限のコミュニケーションが成立するようになっている。**

　実際には1500語だけでは少し不便な面があるかもしれない。また、ネイティブスピーカーの会話や文章に完全に対応できるわけではない。なお英語の入門期に学ぶガイドラインとして関心のある方は、**一般財団法人グローバル人材開発著『1500語で通じる非ネイティブ英語 グロービッシュ入門』（中経出版）**と**ネリエールほか著『世界のグロービッシュ』（東洋経済新報社）**を参考にしていただきたい。

　このグロービッシュは主にビジネスパーソンを対象にしており、さまざまな教材が書店に並んでいる。学習書としては**関口雄一著『驚異のグロービッシュ英語術』（高橋書店）**がよいだろう。グロービッシュがどういうものかを解説したうえで具体的な学習方法を示している。著者自身がビジネス界でグロービッシュ英語を駆使して英語力を向上させた実績がある。

　また、グロービッシュの語彙を中心に習得したい人は、**清水建二著『たった1500語ですぐに通じるグロービッシュ英単語』（総合法令出版）**と**阿部川久広著『グロービッシュ時代のこれだけ！英単語111』（実業之日本社）**から始めれば良いだろう。

■ 復習と記憶のコツ

ところで、英語を効率よく学ぶには、実験心理学の知識を活用し、学習行動そのものを理系の視点で解析することが役に立つ。

たとえば、先ほど例として出したコミュニケーションの9割をカバーできる3000語は、どう学習するのが効率的だろうか。

英単語1つ1つの辞書を引いて、最初に「**短期記憶**」として覚えることに加え、しかるべき手当てを行ない「**長期記憶**」として定着させる。こうした2つのプロセスが必要なのは、適切な時期に長期記憶に移さないと、時間とともに短期記憶は頭の中から消えてゆくからである。

たとえば、48時間以内に簡単な「復習」を行ない、覚えたての単語を長期記憶として定着させると良い。

新しく学んだ知識や概念は、何度か繰り返すことによって記憶への定着度が増す。これに加えて、1週間ほど後に、覚えた英単語に関してもう一度あっさりと復習する。**こうした「復習のスケジュール」を、英単語を暗記する前に、**予め立てておくのである。

次に、どの単語をどのような方法で覚えるのか、について考えよう。最初に、単語学習の「鉄則」をお伝えしておく。

単語を一定期間で集中的に覚えるときには、市販の単語集を使ったり、単語カードや単語ノートを自作したり、といろいろ方法がある。**どのようなケースでも、「とにかく毎日覚える」ことを絶対のルールとしていた**

だきたい。

　どんなに忙しくても、何があっても、英単語に触れるようにする。電車の待ち時間など、たとえ数分であっても、毎日かならず英単語を「見る」のである。

　もし、本当に時間が取れない日は、単語集の表紙を触るだけでもよいのである。こうすることで、「単語を覚えなければ」と意識することができ、翌日は頑張ろうという気になれる。

　私がよくしている方法であるが、カバンの中に単語集をかならず入れておくのも良いだろう。

　実は、この「毎日触れる」習慣は、英単語の習得に限らず、教養を身につけるための読書にも当てはまる。カバンの中には、古典作品の文庫本などを常備している。

　いつでも、どこでも、学習スタンバイ状態にしておくこと。これは、仕事や勉強のさまざまな場面で活用できる汎用テクニックなのである。

■ 実際に出会った単語を覚える

　先ほど述べたように、英語は3000語で日常会話の9割をカバーするのであるが、この中には既に知っている単語も相当数あるから、3000語のリストを順番に覚えていっても効率的とは言えない。

　さらに、ビジネスで英語が必要なのか、海外旅行の際に英語を話したいのか、洋画の鑑賞を楽しむためなのか等々、場面によって必要とされる語彙はかなり異なる。

　よって、英語を使用する目的に応じて、皆さんの覚えるべき基本語を変えていかなければならないのである。

こういう時にはやはり市販の単語集が便利である。使用目的やレベルに合わせて、応用のきく基本語が選ばれている。プロの選んだ単語は、必要とする語彙力増強の最短距離を示してくれる。

　単語集というと大学受験のものと思ってしまいがちであるが、決してそうではない。最近はビジネスパーソン向けにさまざまな種類のものが書店に並んでいる。

　たとえば、資格試験用のものでも各試験に応じて数十種類にのぼるし、日常会話や旅行のための単語集、英語のニュースサイト（時事問題の記事）を読むための語彙集や、さらには看護医療単語集など、専門分野別の単語集も用意されている。

　特に分野や目的を限定せず、汎用性の高い語彙力を身につけたい場合には、大学受験用のものを選ぶのがよいだろう。使用頻度が高い語から並んでいるもの、時事・評論・科学など分野ごとに収録しているもの、などさまざまである。また、語源をくわしく解説しているもの、長めの英文を読みながら単語を覚えるものなどもある。

　各社とも、覚えやすさの追求とモチベーションの維持のために、趣向を凝らしている。CDの付いている単語集では、発音も一緒に覚えることができる。

　最近は、音声をダウンロードできるウェブサイトへのリンクを記載した本も増えてきた。音声を聞きながら英単語を覚えるのは効果的な方法の１つである。

　ちなみに、かつて私が愛用したリンガフォン協会の音声教材には単語集が付いていたので（本書31ページ）、効率よく暗記することができた。

第4章　単語力を身につける　069

さらに、**太田義洋著『百式英単語』（西東社）**や**木村達哉著『ユメタン』（アルク）**のように、具体的なスケジュールを指示して単語を無理なく覚えられるものもある。さらに**株式会社アルク出版編集部著『究極の英単語』（アルク）**のシリーズも良いだろう。

■ 短期集中で仕上げよう

このように単語集として使える書籍も百花繚乱（りょうらん）であるから、まず、書店で実際に手にとって、自分の学習目的に最適かどうかを見ていただきたい。

使う単語集が決まったら、本書第5章で扱う文法学習と同様に、購入時に終了予定日を決めてしまおう。できれば、短期間に一気に仕上げてしまうのが最大のポイントである。

たとえば、「1カ月（4週間）で終了させる」と目標を定めたとしよう。1週間のうち、日曜日は予備日として、学習は入れないことにする。そうすると6日を4週使える、つまり24回単語集を開くことになる。

その単語集が収録している単語の数を24で割り、1日何個の単語学習をこなすかを出してみる。私はこれを**「割り算法」**と名付けている（**拙著『新版 一生モノの勉強法』ちくま文庫**、231ページ参照）。計画的に学習を進める際のスキルである。

この場合、日曜日を予備の日、バッファーとして確保しておくこともポイントである。勉強をしない息抜きの日にしても良いし、計画に後れがあったら、この日に後

れを取り戻すべく頑張る日にしても良い。

　なお、1冊に収録されている語数が多い場合は、前半にある「基本編」だけでも構わない。

　とはいえ、市販の単語集だけで、自分に必要な単語のすべてを網羅することは不可能である。よって、実際に英語を聞いたり、読んだりする中で出会う単語も、記録しながらその都度きちんと覚えていく必要がある。こちらは単語集を用いた学習と違い、短期集中型ではない。長い期間をかけて英語と関わるあいだに、継続する作業となる。

　ここでは、見知らぬ単語に出会った時に、覚えるかどうかの判断をする。出会った未知の単語をすべて身につける必要はまったくない。

　覚えるべき単語の基準を作り、覚えるべきならばどうやって記憶に定着させるのかを考えよう。手書きのノートにどんどん書き留めてもいいし、スマホやパソコンにデータで記録していってもよい。オリジナルの単語帳を作成していこう。

　こうした方策は効率よく単語を習得するために非常に重要なので、のちほど詳しく紹介する。

■ 決して欲張らない

　さて、語彙力の増強を図る際に注意すべき第一の点は、「**決して欲張らない**」ことである。1つの単語を覚える際の情報量を、できるかぎり少なくするのである。

　単語集によっては、1つの単語に複数の意味を記載している。また、類義語や反意語に加えて、その語の使用

上の注意、実際の活用例（例文）などを載せているもの
も多々ある。

　ところが、単語集に多くのものを求めてしまうと、今
度は覚えきれなくなってしまう。したがって、**単語1つ
に対する情報量を少なくして、どんどん前に進むのが鉄
則である**。暗記すべき内容を思いきって減らして、単語
集を最後まで使い切ることを優先するのである。**拙著
『理系的アタマの使い方』**（PHP文庫、103ページ）でも説
いた「**目的優先法**」を参考にしていただきたい。

　私も学生時代に単語集を何冊か使って取り組んだが、
何度か挫折を経験している。つい分厚い単語集を選んで
しまったのであるが、色々なことが書かれすぎていて、
肝心の訳語が頭に入ってこない。

　また、書かれてあることは全部覚えないといけない気
がして、劣等感に苛（さいな）まれたこともある。とにかく、必死
に暗記しようとしても頭に入らないことに、しばらく後
になって気づいた。

　単語集に書かれた付加的な情報は、目を通す程度に留
めてもよいだろう。基本的には、1つの英単語につき1
つの訳語を覚えれば十分である。

■1対1対応が原則

　そもそも単語集の学習だけで足りるのか、単語集だけ
では英語はできるようにならないのでは、すなわち単語
と訳語を1対1対応で覚えるだけでは使えないのではな
いか、と言われることがある。確かに、一理ある考え方
だ。

072　第Ⅱ部　英語を使いこなす基本技術

まず、1つの単語に1つの訳語では当てはまらないことがよく起こる。また、文中での語法を知らないと、英作文で使うこともできない。さらに、類義語との区別ができないと、英文のニュアンスを把握できない。

　では、1対1対応の覚え方は無駄かというと、決してそうではない。1つの訳語でも、知らないのと知っているのとでは、雲泥の差が生じる。ないよりもあったほうが絶対によいのである。

　単語集が役に立たないのではなく、単語集の限界を知った上で、使い方を根本から考え直すことが大切である。**単語集での暗記は、厳選された多くの語に短期間に触れるという点で、非常に効率が良いのである。**

　しかし、単語自体の定着率は、あまりよくない。つまり、せっかく覚えても忘れてしまう率が高い。

　ただし、悲観的にとらえる必要はない。英単語がまったく初めての出会いであるのと、一度単語集で見たことがあるのとでは、その後の定着率が大きく異なる。たとえばんやりした記憶しかなかったとしても、この違いは厳然としてある。

　「あ、この単語は見たことがあるぞ。意味は覚えていないけど……」でも **OK** だ。これでも、その語には親近感を覚えるし、もう一度覚えなおせば簡単には忘れなくなる。しかも、実際の用例で覚えなおしをするわけだから、自然と身につくのだ。

　すなわち、**単語集で仮に頭に詰め込んでおいて、実際に使ったときに定着させる方法である。**よく考えてみると、単語集の中でしか目にしない語は、自分にとって不

第4章　単語力を身につける　073

要な語のはずである。したがって、忘れてしまっても一向に構わない。

単語集の活用は、語彙力の増強を図る際の王道である。**後で自分が実際に出会う単語を覚えるための「土台作り」だと考えて、ぜひ自分に合った単語集を探してみていただきたい。**

■ 英文の中で覚える

ここまで述べてきた単語学習法をおさらいしよう。一般の英語コミュニケーションで使われる3000語を身につけるため、辞書を引いて**「短期記憶」**として定着させるのはオーソドックスで有効な方法である。

その後、48時間以内に簡単な「復習」を行ない、覚えたての単語を**「長期記憶」**として再定着させる。新しく学んだ知識は何度か繰り返すことによって、記憶への定着度が着実に増す。

さらに、これらに加えて1週間ほど後に、覚えた英単語に関してもう一度あっさりと復習することをお勧めする。適切な時期に「長期記憶」に移しておけば、何歳になっても頭の中で英単語は徐々に増えてゆくのだ。

私が勧める語彙力増強のポイントは、自分が作った単語集での暗記を「仮覚え」と割りきることである。仮覚えした単語は、実際の英文の中で再会して記憶に定着させるのが一番なのである。

この方法では「単語を覚えるだけの時期」というのは作らない。単語学習と並行して、たくさんの英文を読み進める中で語彙を増やすことに主力を傾けるからであ

074　第Ⅱ部　英語を使いこなす基本技術

る。

一方で、英文に出てくるすべての単語は、単語集での仮覚えの段階で出会うわけではない。つまり、英文を読んでいる最中に初めて見る単語はかなりの数に上るはずである。前章で触れた「読解」の学習と、単語の学習とを連携させ、さらに生産性の高い学習を志向するのである。

こうした場合に私は、自分で単語カードや単語ノートを作り、整理して覚えることを勧める。すなわち、**①単語集で仮覚えをしておいて、英文の中で定着させる方法と、②新出単語を、単語カード・単語ノートにまとめる方法、の２つをうまく使い分けるのである。**

最初に、カードでもノートでも構わないが、常に持ち歩けるものを選んでいただきたい。ここでは携帯性を最重要視し、日常生活のほんのちょっとした時間を活用することを考える。10秒ほどのスキマ時間で単語の確認を行なう。

さらに、スマートフォン用の単語カードアプリにも、有料・無料とも各種ある。アプリストアで「単語カード」として検索していただきたい。

スマホは常に携帯しているわけだから、日常生活のスキマ時間ができたら、このアプリを開いて学習しよう。紙のノートや単語カードを取り出すのが億劫でも、スマホなら手軽だろう。なんとなく **SNS** を流し見しに行くよりも、「スキマ時間は学習アプリ」と決めてしまうほうが身になるからだ。

もちろん、ゲーム形式の学習アプリならば、取り組む

第４章　単語力を身につける　075

ハードルはさらに下がるだろう。ぜひ自分に合うものを見つけていただきたい。

さて、単語カードや単語ノートを自作する際の最大の注意点は「欲張らない」ことである。

欲張って何でも覚えようとすると、長続きしなくなる。単語集の項でも述べたことであるが、**覚える情報量を徹底的に少なくすることが重要である。**

基本的には1対1対応する訳語の記述に留めておく。なお、記入した日付と出典をメモしておくとよいだろう。

もう1つ大事な点は、知らない単語を片っ端から書き出さない、ということである。あまりにも新出語が多いと、それだけでやる気が失せてしまう。途中で止めてしまったら、何もならない。

こういう事態を避けるためには、「1週間で10語だけ」などと、覚える数を初めから制限しておく方法もある。この場合のポイントは「1週間で10語」の制限に、とにかくこだわることである。この10語だけは確実にモノにしていくのである。

このときに決して人と比べてはいけない。自分が長続きするような数を考えて、それよりもやや少なめの数で設定すると良いだろう。**何事も学習する際には、必ず達成感が得られるようなシステムで始めることが重要なのである。**

たとえば、その週に新しく読んだ英文から、10個の新出語を書き出して覚えることをルーチン化してみよう。

076　第Ⅱ部　英語を使いこなす基本技術

週にたった10個でも、1年間続ければ500個以上の単語を覚えることになる。単語集を短期間で覚えるのとは違って長期的な作業になるから、無理なく継続できる数にしよう。

■ 「推測する」訓練

本書第3章で（50ページ）、英語ができる人は適切に辞書を引くことができる人だと述べたが、新出語は何でもすぐに辞書で調べる前に、知っていただきたいことがある。辞書で確認する前に、必ず意味を自分で推測する習慣をつけよう。

単語学習は「沼」のようだと章の冒頭で述べたが、どんなに語彙力をつけても、すべての単語を既知の状態にすることは不可能である。ネイティブスピーカーでも知らない単語は必ずあるものだ。彼らは新出語に出会っても、文脈からその意味を推察しながら読み進めている。

実際、私が日本語を読んでいても、意味の分からない表現に出くわすことがよくある。しかし、ほとんどの場合には国語辞典で意味を調べることはしないだろう。「こんな意味かな」と推測をしながら、先を読んでみる。それでも文章全体の意味は、ほとんど問題なく把握できるものである。

英語を読んでいる際にはなおさら、意味の分からない表現が出てきて当然である。日本語の場合と同じく、おおよその意味を推測できる力を養うようにしよう。

最初はなかなか推測が当たらないかもしれないが、気にせず読み進める。「当たらなくて、当たり前」くらい

第4章　単語力を身につける　077

の気持ちで、「とりあえず推測する」訓練を続けていただきたい。

　もし、100語中の95語が分かる状態になれば、残りの5語は、「動詞だな」とか「さっき出た○○とは反対の意味の形容詞だな」などと推測できるようになる。「分からないまま飛ばして読んでも、支障はない」という感覚が身につくことが大切なのである。

　文意を推測する力が身についてくると、読解のスピードも速くなる。そもそも、すべての語を辞書で調べるのでは読書効率が悪すぎる。ここでも「**当たらなくて、当たり前**」の「**不完全法**」を活用していただきたい。

　最後に、理系向きの単語学習法を紹介しておこう。私は、20歳代で火山学の勉強を開始してから、英語で読む力をつけるため毎日1本の英語論文を読むことを自分に課した。こうした日課は最初のうちは大変だが、習慣になるとそれほど苦ではなくなり、むしろ楽しみとなってくる。

　こうした際に読む媒体としてお勧めなのは、米国で発行されている『SCIENTIFIC AMERICAN』である。科学雑誌といえば英国の『Nature』や米国の『Science』が有名であるが、内容の専門性が高いため読み慣れていない人にはハードルが高い。

　その点、『SCIENTIFIC AMERICAN』では科学にまつわる広い分野のニュースが、毎月わかりやすい英文で紹介されている。英語論文を読みこなすための勉強としては最適の雑誌であり、ここで単語力を増強できるのである。

『SCIENTIFIC AMERICAN』は、英語版が発売された3カ月後に、その日本語版である『**日経サイエンス**』も発売される。よって、くわしい内容や訳語に関しては、後から日本語で確認できるのだ。

まず英語版について辞書を引きつつていねいに読む。このとき**使う時間を決めておいて、その時間がきたらきっぱりとやめることが大切である**。これが拙著『**理系的アタマの使い方**』（PHP文庫、31ページ）で勧めている「**枠組み法**」である。

また、**初見の単語にこだわらず**（すなわち単語調べを「棚上げ」して）**まず全体を読み通す**。英文全体の内容をつかめば、単語の意味もおのずと類推できるようになる。

「文章を読みながら新出語の意味を類推する」方法は、理科系の文章でもまったく同様である。むしろ、理科系の場合の方が限られた用語を使うことが多いので、類推しやすいかもしれない。完璧を求めず先ほど述べた「**棚上げ法**」でどんどん読み進めるのであるが、ダラダラと引きずらないことが毎日続けるコツである。

最低2年間これを続けたら、辞書がなくてもかなり読みこなせるようになった。さらに、自分が知っている単語も驚くほど増えていることに気づいた。まさに「継続は力なり」を実感することができたのである。

ちなみに、先ほど挙げた『Nature』の冒頭には、「News and Views」という論文の内容と背景を分かりやすく解説したコーナーがある。日本で講読できる『Nature』には、この「News and Views」の日本語訳が

ついている。この和訳を参考にしながら英文を学習することも可能である。

『SCIENTIFIC AMERICAN』『Nature』『Science』のようによく整理された文章を読み続けることで、最先端の科学にまつわる生きた英文に触れることができる。

これは分野が違っても、つまり経済学でも工学でも構造はまったく同じである。最新の専門雑誌を活用して効率よく単語を増やしていただきたい。

第5章 文法力を武器にする

文法はコミュニケーションのために必須のもの

　単純なコミュニケーションは、単語を口に出すだけで成立する。しかし、自分の意思をきちんと伝えるためには、言いたいことを適切な文にして表現しなければならない。そして、文というのは単語がいくつか集まってできており、文を作る際には「文法」の知識が必要となる。

　文法とは、ごく簡単に言うと、単語をどのような順番で並べるかを教えてくれるルール集である。詳細な文法を網羅的に学ぶのは大変であるが、要点を押さえるだけなら数日から数週間で完了する。

　あまり細かい規則に惑わされず、単語を並べる大まかなルールさえ頭に入れておけば、英語のニュースサイトを読んだり、ネイティブスピーカーと会話をしたりすることができる。まず短期間で英文法を習得する方法を身につけよう。

　日本の英語教育界では、「文法をいかに、どれだけ指導するか」が積年の大テーマである。どのような外国語を学習する際にも、文法を習得することが必要不可欠であることは、語学学習の経験がある人には周知の事実だろう。

　ところが「我が国の英語教育は文法に力点を置きすぎだ」と揶揄されてきた。その結果、英語が話せない日本

人を生み出してきたのではないか、という議論が長年あった。

こうした反省のもと、いわゆる「コミュニケーション力」の重視と養成を目指した教科書や指導法が、その後たくさん現われた。

このこと自体は歓迎すべきことなのだが、なぜかこのときに文法指導が軽視されてしまったのである。時には「文法は不要だ」とまるで悪者のように敵視する極端な意見さえ出ることもあった。

過去の学校での英語の授業風景は、先生が教室で英文法の解説を延々と日本語で行なうというものだった。英語の授業だというのに生徒はひと言も英語を発しない、という珍妙な光景だったのではないだろうか。

こうした授業スタイルが日本人が英語を話せない原因をつくった、という指摘は当たっていなくもない。しかし、これは**文法の指導の仕方がまずかっただけであり、文法そのものに価値がないということでは決してない**。

実際、大学で第2外国語としてフランス語やドイツ語を学ぶときには、最初に文法の解説から入るだろう。英米人など英語を母語とする人がフランス語やドイツ語を最初に学習するときも、まったく同じである。ここで文法をないがしろにしては、その後の学習がきわめて効率の悪いものとなってしまう。

こうした言語習得の原理を無視して、なぜか日本では、「文法」対「コミュニケーション」という対立が起きてしまったのである。

本来、コミュニケーションのために言語を使いこなす

には**文法は必須のものである**。だから、文法の指導法を改善し、コミュニケーション力の養成も図る、というのが目指すべき英語指導だったのである。

　どのような学問でも、1つの知識体系を把握しようとする場合に、その分野の「用語」が必要である。また、マクロな視点で「構造」「設計図」を把握しておけば、学習を進める生産性が倍増する。

　英語を学ぶ際にも、英語の成り立ちを示す用語や構造、すなわち英文法を押さえておくことが不可欠なのである。たとえば、「主語」「動詞」「目的語」という言葉を使わずに、英文を説明するのは、とても非効率的である。

　つまり英語学習を進めていく中で、覚えたことを自分で整理するためにも、文法の知識がなければ空中分解してしまう。一方、基本的な文法を教えてもらうだけで、英文を「型」として見事に理解できるのである。

■ 伊藤和夫の英語講義

　私は高校時代に文法の面白さを、ある英語教師の授業で開眼した。その名を**伊藤和夫（1927 ～ 97）**と言い、**当時の日本中の大学受験生のカリスマ的な存在だった。**

　私が通っていた筑波大学附属駒場高校はきわめて自由な校風で、授業は大学のゼミと同じ自由講義形式だった。教科書もろくに使わないので、生徒は大学受験のための学習や対策も自分たちで考えなければならない。

　同級生とあれこれ情報交換し、「駿台予備校の伊藤和夫という英語の先生がいいらしいぞ」という話が伝わっ

てきた。そこで、放課後や休日に駿台予備校まで英語の授業を受けに行ったのである。

教室は超満員で、立って聴講している予備校生もいるほどの人気だった。伊藤先生の講義を聴いた最初の日の衝撃は、今も忘れられない。英語の構文を見事に分解して、なぜそう解釈できるのかを、実に論理的に解説してくれたのだ。

私はいっぺんに伊藤先生の解説の虜になり、伊藤先生の「追っかけ」を開始したのである。つまり、伊藤先生の行なう授業は可能な限りすべて受講するように馳せ参じるようにした。

受験を何とか乗り切って大学に入学してからも、伊藤先生の著作はすべて買い込んで英語の勉強をした。東大文学部哲学科を卒業した伊藤先生は、終戦後のひどい就職難のため、予備校で英語を教え始めるようになったそうである。50年以上たっても、伊藤先生から教わった内容はまったく色あせていない。

文法とは、長い年月をかけて多くの人々が言語のルールをまとめあげたものである。言わば言語のエッセンスを凝縮したものであるから、初学者にとって役に立たないわけがない。

しかも、文法は無味乾燥な公式の集まりではない。そこには伊藤先生の言う「文法という知的な体系が持つ面白さ」が存在するのである。

英文を読む際に、伊藤先生は文法知識を最大限に活用することを勧めていた。すなわち、徹底的に「理詰め」で考える手法を提示したのである。

この考え方は受験英語界のスタンダードとなっただけでなく、明治以来の日本の英語教育の良い点が凝縮されたメソッドとして体系化された。

　伊藤先生の著作はロングセラーとして、また英文法を理解する金字塔的作品として今でも読み継がれている。たとえば、英文を「理詰めで読むこと」の意義を解説した決定版としては**伊藤和夫著『英文法教室』（研究社）**があり、また英語の正しい学び方を知るために**『伊藤和夫の英語学習法』（駿台文庫）**がある。

　伊藤先生の著作には英語に関する本質的な考え方だけでなく、実践例がたくさん載せられている。たとえば、数多くの入試問題を解きながら、試験以外の場面でも有効な実際的な英語力がつく仕組みになっているのだ。

　文法を基本とする外国語習得の方法論には、日本人が外国語を学ぶ際の原理が網羅されている、と私は考える。皆さんもぜひ伊藤先生の著書に触れ、外国語の文法体系を習得する醍醐味を知っていただきたいと思う。

　ちなみに、私は英語学習の場における「コミュニケーション重視」の発想に反対するわけではない。むしろ、**文法学習の目的は良好なコミュニケーションの基礎を築くことにあると考えている。**

　要は、コミュニケーション重視か文法重視か、という二項対立の図式を作ってきたことが問題なのだ。こうした浅はかな議論をしては何も先に進まない。

　この点、実際に社会に出て現場で英語を使っているビジネスパーソンは本質が分かっているのではないだろうか。すなわち、国際社会で通用するコミュニケーション

能力を身につけるには、文法という土台が大事なことを強く認識するはずである。

　試験のための勉強ではなく、仕事の現場で英語を使う必要に駆られたら、英文法の重要性が身に染みるほど実感できるからだ。たとえば、**成毛眞著『ビル・ゲイツとやり合うために仕方なく英語を練習しました。』(KADOKAWA)** は、そのことを実感できる優れたビジネス書である。

　また別の視点から、これまで文法指導に異を唱える人たちがいる。書店の英語関連本のコーナーへ行くと、「日本で教えている英文法は間違いだらけ」「ネイティブはこんな言い方をしない」「学校文法を忘れよ」などの論調の書籍がたくさんあるのである。

　たしかに、学校現場で行なわれてきた英文法の指導内容に改善の余地があることは事実かもしれない。しかしそれは文法を学ばなくてよい言い訳にはならない。

　語学習得の上でとても大切な「文法」が憎まれ、疎んじられることなく、伊藤先生が伝えたような語学の「本質」を、多くの学習者と共有できることを願うばかりである。

■ 文法の体系と座右の名著

　ともあれ、英語習得のためには文法学習は避けて通れない。まずは押さえておきたい名著の紹介から始めよう。

　かつて、デンマークの言語学者**オットー・イェスペルセン（1860 ～ 1943）** が、英文法の見事な体系を打ち立て

086　第Ⅱ部　英語を使いこなす基本技術

たことはご存じだろうか。たとえば、『文法の原理』(上中下、安藤貞雄訳、岩波文庫。原書は1924年刊)では、英語教育に関しても示唆に富む記述がある。伊藤和夫先生の著書と同様に、ぜひチェックしていただきたい名著である。

また、思想家・エッセイストとして活躍した林語堂(1895〜1976)には、『開明英文文法』(文建書房)という優れた英文法の本がある。現在では、安藤貞雄著『現代英文法講義』(開拓社)が英文法書として卓越している。こうした名著を読むと、文法体系の持つ面白さを存分に味わうことができる。

私は伊藤先生という希代のプロフェッショナルと出会って、英文法の基礎をみっちりと学ぶことができた。彼の残した『英文法のナビゲーター』(研究社)や『英文法問題集』(駿台文庫)は、京大を定年した今でも、時々繙いて学習を重ねている。長年英語を勉強してきた今だからこそ、「そうだったのか!」という気づきがいつも得られるからである。

読者の皆さんも、先に挙げたような名著を参考に、自分の「座右の英語学習書」を決めて繰り返し繙いて読み込み、研鑽を続けてほしい。

■再学習に最適の教材

では、英文法を学ぶ際、どうやってどこまで学習するのか、方法論についてお話ししよう。結論から述べると、英文法の再学習には、奇抜な方法ではなく、オーソドックスな方法で学びなおすことをお勧めしたい。

最初に、大学受験用の文法参考書と文法問題集を、それぞれ1冊ずつ手に入れよう。文法参考書とは英文法を網羅的に解説しているもので、たいてい少量の練習問題も載っている。

　なお、参考書は、最初から順に読んでいくものではない。重要な単元を学習するときと、分からない単元を調べるときだけに使う。また、問題集は、重要単元の学習後に定着度を測るために使用するものである。

　「え？　学びなおしなのに、受験用なの？」と、大学受験用と聞いただけで気が重くなる方もおられるかもしれない。しかしここは**逆転の発想で、短期間で確実な文法力を身につけるには、最適の教材である。受験というシステムが短期決戦型であることを、当事者外から利用するのである。**

　受験界のプロフェッショナルが心血を注いで作った本は、使ってみると非常によくできているものだ。読み方の工夫をすれば、きわめて効率的に学習を進められるのだ。

　最初に、書店の大学受験生向けの英語学習書コーナーの棚の前に立ってほしい。「懐かしいな」「苦労させられたな」と感慨にふけりながら、往年のロングセラーから現在売れ筋の新刊書まで、時間をかけて眺めてみよう。

　参考書や問題集のロングセラー・ベストセラーは息が長く、現在ビジネスパーソンである皆さんが高校生の時に使ったものが売られているかもしれない。もし、そうした「懐かしの一冊」があれば、ぜひそれを購入していただきたい。

088　第Ⅱ部　英語を使いこなす基本技術

最近は、かつての受験参考書の名著が復刊されている例もある。たとえば、**山崎貞著・毛利可信増訂『新自修英文典』（研究社）**は私が中学・高校時代に使っていた（本書あとがき、210ページを参照）。

　言うまでもなく、ロングセラーであることは、その本の中身の信頼度が高いことを意味する。「間違いない」名著に、あらためてもう一度挑戦してみよう。

　あるいは逆に、懐かしさよりも嫌悪感がよみがえってくる方もいるかもしれない。こうした場合には、最近出版された新刊の参考書を数冊手にとって、パラパラとページをめくっていただきたい。

　以前のものと比べると、最近の参考書や問題集は、圧倒的にカラフルでビジュアルに工夫が凝らされている。また、解説もシンプルで、基本事項に多くのページを割いている。つまり、文法への抵抗感を小さくするさまざまな工夫がなされているのだ。

　特に、『総合英語フォレスト（Forest）』（桐原書店）の章立てと記述がよくできているので、第一にお勧めしたい。また**横山雅彦・中村佐知子著『スピーキングのためのやりなおし英文法スーパードリル英語のハノン』（初級、中級、上級。筑摩書房）**も斬新な構成で英文法の基本が自然に身につくようにできている。

■ 最初に「どこをやらないか」を決める

　参考書が決まったら、どの「単元」から学習するかを考えてみよう。文法学習では、どの単元を重点的に学習するかの取捨選択が大切である。

参考書に出ているすべての単元を学習する必要はない。**実は、どの参考書を用いるかよりも、どこをやらないかを決めることがとても重要なのである。**

　最初に、英語を「読む力」をつけることを念頭に置いて戦略を立てる。以下の８つの文法単元から学習するとよいだろう。

初級編４つ（１文型、２完了形、３接続詞、４句と節）、
上級編４つ（１強調と倒置、２否定、３仮定法、４無生物主語の構文）

である。

　ここで「知らない用語ばかりだ」とか「もう忘れてしまった言葉だ」と尻込みする必要はまったくない。いずれも参考書のその単元の冒頭を読み始めれば、すぐに理解できるものばかりである。

　実際、「なんだそんなことか」「すでに知っていた」という内容を、まことしやかに「強調と倒置」などとタイトルを付けているのが、文法書の悪い癖なのである。

　一方、経済学の本でも哲学書でも、はたまた科学書でも、まったく同じ構造がここにある。書いてある内容は大してむずかしくはないのであるが、最初に「専門用語」を振りかざして初学者をオドカスのである。これは自分に学問上の自信がない学者がよくやる手である。

　「大した話じゃない」と高をくくって読み始めれば、本当に大したことがないことを、まもなく実感するだろう。たかが大学受験の参考書に書いてある程度のこと、

と思って気軽に始めることが大事である。

　難解そうな書籍に最初に接するときに、私は「高をくくる法」を学生たちに推奨している。「どうせ人の考えたことだから、高が知れている」と最初に思ってみるのである。

　というのは、地球科学者の私は東日本大震災や南海トラフ巨大地震など自然界が起こすことには「高をくくる」ことはできない、と日ごろ思っているからである（拙著『京大人気講義　生き抜くための地震学』ちくま新書、196ページを参照）。

　こうした深遠な大自然の迫力に比べると、どのような哲学や思想も「どれも大したことない」と思ってかかることにしている（大声では言わないが）。

　英文法も人間がこしらえた言語のルールにすぎないのだから、「大したことない」部類に入れて、まずは気楽に取り組んでみることが大切なのである。

　さて、文法学習の単元に話を戻そう。先のリストには、皆さんが真っ先に思い浮かべそうな「不定詞」「動名詞」が入っていない。そのほかにも、「比較」などといったお馴染みの単元は挙げていない。

　これらの基本単元は、実際に英語を読んでいてわからなくなった時に調べればよいのである。英文の読解で疑問を感じた場合に、該当箇所を読むという辞書的な使い方で、まったく構わないだろう。

　そうした項目よりも、**日本人が苦手とし、英文を読む際に「盲点」となる単元を先に学んでいただきたい。**先に挙げた初級編4つ、上級編4つの計8単元をしっかり

第5章　文法力を武器にする　091

身につければ、「英語が読めるようになった」という感覚が早く訪れるだろう。

■「隙間法」でサクサク学ぶ

こうして学ぶべき単元を絞ったら、具体的に学んでいくのであるが、参考書の記述を始めから終わりまで通読する必要はない。

各章で概要を説明している部分を読み、そして内容を理解するとともに、例として挙げてある英文にもざっと目を通そう。

次に、どの参考書にも、たいてい２〜３ページごとに数問の簡単なチェック問題がついているだろう。そこで、いきなりこの問題に取り組んでいただきたい。これらに正解すれば、その単元の解説は、軽く読み通すだけで結構である。

たとえば、先に挙げた桐原書店『総合英語フォレスト』であれば、文法単元ごとに章が立てられて、各章がパート１からパート３に分かれている。イラストをふんだんに使って説明しているパート１（２〜３ページほど）を最初に読もう。その後に、パート２のチェック問題（各章に１０問ほど）に取り組んでみよう。

チェック問題は、簡単な穴埋めや数語の並べ替えが中心である。特にストレスを感じることなく、スイスイ解き進めることができる。もし、チェック問題にうまく解答できなければ、そこで初めて解説をじっくり読んでみよう。

この時、「なるほど！」と思ったページには付箋を貼

092　第Ⅱ部　英語を使いこなす基本技術

ったり、マーカーやペンで「重要」マークを記しておくとよいだろう。こうしておくと、後で「あの説明どこだったかな？」と索引を引いたり、目次から検索をしたりする手間を省くことができる。

たとえば、付箋に「仮定法のまとめ」などと箇条書きして貼っておくのである。自分が「なるほど」と思った箇所は「ここ注意！」などページにメモをしておこう。

こうしておくだけで、後で疑問が生じたときにもパッと引くことができる。これは、辞書を使う時や、ビジネス書を読む際にも応用することができるテクニックだ。

次に、学習期間についても述べておこう。文法参考書は、購入してから一気に学習するとよい。できる限り、短期集中で取り組んでほしい。

たとえば、1日に10分ほど文法を勉強するとして、数日から10日前後で8つの単元を終了するつもりで取り組もう。**1日10分とすると、スキマ時間に取り組むことも可能となる。**

通勤や通学の際に参考書をカバンに入れておき、仕事の休憩時間やお昼休みの一部を活用するとよい。通勤電車で座席に座ることができたなら、そこで開いてもよいだろう。

これは私が昔から実践している**「隙間法」**のテクニックだが、**拙著『理系的アタマの使い方』**（PHP文庫、261ページ）に詳しく解説した。特に、**細切れの知識を頭に入れたり、既に学習した内容の復習をしたりする場合に隙間法は非常に有効である。**

■ 文法問題集を「不完全法」で制覇!

　参考書で文法の「思い出し」を行なった後は、知識の確認と定着を図るステップに入る。このためには、文法だけを扱った問題集を使う。全体で80ページから150ページ程度で、問題が文法単元ごとに分かれているものがお勧めである。たとえば、各単元の問題数が20問前後で、基本レベルの問題を多く収録しているものがよいだろう。

　できれば、4択問題など、解答が楽な出題形式のものが使いやすいと思う。たとえば、左ページが問題、右ページが正答と解説というレイアウトのものも使いやすいだろう。

　もし、使っている文法参考書に対応した別冊の問題集がある場合は、それを選ぶとよい。問題の提示順や解説の仕方が、参考書に合わせてあるので、より効果的な学習ができる。

　別冊問題集の収録問題数が多い場合には、単元ごとに基本レベルの問題を20問くらい抜粋して使う。馬鹿正直に全問を解く必要はない。

　使える時間は限られているのだから、完璧を目指さず、1問とばしでも、「全部やった!」という達成感を重視しよう。私はこれを「**不完全法**」と名づけて仕事や勉強に取り組む鉄則としている。

■ 「本は文房具」! 書き込みながら使い倒す

　単元としては、参考書で学習した文型・完了形・接続詞・句と節の問題を解く。その次に、強調／倒置・否

094　第Ⅱ部　英語を使いこなす基本技術

定・仮定法・無生物主語の構文に取り組むのである。

　前に述べたように、問題集も最初から最後まですべてをこなす必要はない。残りの単元は、気が向けばやってみる、といった程度で十分である。

　もう1つ大事なコツがある。**自分の答えを、問題集に直接書き込むことである。問題集は消耗品なので、書き込みながらどんどん汚して使いたい。**問題集専用のノートを作って、そこに解答していく必要はまったくない。

　私は、「**本は文房具**」というキャッチフレーズで、**本に書き込みをしながら自分専用にカスタマイズする使い方**を提唱している（**拙著『理科系の読書術』中公新書、**151ページ）。

　ましてや問題集はどんどん書き込んで使い倒してナンボのものである。気楽に汚しながら頭にどんどん定着させていただきたい。**書き込みを後で見直せば、自分がつまずいた箇所も一目瞭然、思考の軌跡を残すこともできるのである。**

　そして、短期間で一気に仕上げるためには、ここでも「隙間法」である。文法問題集はカバンの中に入れて、いつも持ち歩く。通勤電車の中や会議が始まるまでの5分間、待ち合わせで相手が到着するまでのスキマ時間など、「今だ」と思ったらすぐに取り組んでほしい。「隙間法」のテクニックは、ありとあらゆる場所で活用できるのだ。

　そのためにも答えは直接問題集に書き込み、合っていた個所と間違っていた個所が一目で分かるようにする。スマホではダメである。アナログに手を動かすことが大

第5章　文法力を武器にする　095

事なのだ。こうして何回か読み返していれば、同じ誤りは二度としなくなる。

さらに**問題を解く際には、開始ページに日時を書いておこう。**どれだけ時間がかかったかを把握できるように、**終了時刻も書いておこう。**

自分にとって、どの問題がむずかしくて、どれが簡単かも分かってくる。**いつ、どれだけ勉強したかをきちんと記録しておくことは、学習のモチベーションを保つ一助ともなるのだ。**

穴埋め問題の場合には、空所に直接答えを書き込むのではなく、紙面の上下左右にある余白に、小さな字で解答しよう。解答を書き込む場所がバラバラになっても構わない。また、電車に揺られて字が汚くなっても気にしない。

空所には、答え合わせをした後、最後に正解を書き込む。こうすると復習の際に正しい英文をそのまま読むことができる。そして数日後に、もう一度チェックしよう。**実は、文法学習では、この復習がもっとも大切なのである。苦手な単元でも、二度三度と復習を繰り返していくうちに、必ずできるようになる。**

余白に答えを書き込むことができない和訳問題は、思い切って飛ばしてしまおう。日本語を英語に直す英作文問題も、同様に後まわしである。余白に書き込みにくい理由に加えて、英作文問題は別解が考えられるため、答え合わせが困難だからである。

先に述べたように、**そもそも短期間で文法の基本事項を定着させることが目的である。**よって、簡単な穴埋め

096　第Ⅱ部　英語を使いこなす基本技術

問題や選択問題に絞って解答しよう。ここで「完璧主義」になってはいけない。「不完全法」を活用して問題集を最後までやりきることを第一目標にしていただきたい。

■ 文法マスターには復習が命

間違えた問題は、その番号に◎印を付けておく。また、解答するにあたり自信のなかった問題には、△印をつけておく。こうすると復習する時に、「自信を持って正解した問題」と「たまたま正解した問題」を区別して取り組むことができる。

最初から間違った問題については、正解を導くきちんとした文法上の理屈をおさらいする。また、「たまたま正解した問題」に対しては、理屈が不十分だった点を確認する。このように自分の知識レベルを常に確認しながら学習を進めるとよい。

文法学習の成否は、後でどれくらい時間をかけて復習できるか、にかかっている。1回終えたままで何もしなかったら、学んだ知識はどんどん忘れていくからだ。

ここで心理学の知識を使おう。問題集を仕上げたことは「短期記憶」として覚え込んだことを意味する。そのあと「長期記憶」に移さないと、時間とともに頭の中から消えてゆく。この**長期記憶として定着させる作業が、時を措かずに行なう「復習」なのである。**

あるページの問題を解いたら、答え合わせが終わった段階で復習する日を決めてしまおう。たとえば、出来が良かったページは、1週間後にもう一度あっさりと復習

第5章　文法力を武器にする　097

する。反対に、ボロボロの出来であれば、２日後に全問題を復習するのである。

こうした復習のためのスケジュールを、ただちに設定していただきたい。たとえば、付箋に復習予定日を書いて、そのページに貼っておくと忘れない。問題集を常に携行し、ちょっとしたスキマ時間に付箋が付いた問題から復習するのである。

ここまで、「不完全法」、「本は文房具」、「隙間法」という実践テクニックを駆使した文法問題集での学習法をお話しした。とはいえ、「とにかく時間がない」という忙しい読者もおられるかもしれない。

そのような人はまず本屋に飛び込んで、一番薄い文法書を買っていただきたい。電車の待ち時間に５分こなしたら、５分なりの実力がつく。塵も積もれば山となると信じ、できることから始めよう。

文法学習とは、「こうしなければならない」というものはない。むしろ、あまり頑張ろうとせずに、できるところから始めるのが大事なポイントなのである。

■ 「暗記」と「理屈」のバランス

ところで、文法を学習する際には、「**暗記**」という面と、「**理屈**」という面の２つがある。すなわち、何でも「暗記」すればよいのではなく、必ず「理屈」とともに覚えるとよいのである。

といって、「理屈」にばかり走り、知識がまったく頭の中に入っていないと、英語は使いこなせない。よって、「暗記」と「理屈」との良いバランスが大切になっ

てくる。

結論から言うと、「**文法は暗記した後で理屈をつける**」というのが王道である。ある程度「暗記」して頭に蓄えてから、「理屈」で定着させるとよいのである。

このように理屈を後づけすると、闇雲（やみくも）に覚えていた事柄が、頭の中で有機的につながってくるのだ。一見、面倒そうな規則も強く印象づけられる。

時には、かつて習ったことが見事に整理され、感動とともに思い出すこともあるだろう。こうして「文法の面白さ」を感じることで、より長く記憶に残すことができるようになる。

もちろん、どの分野にも理屈ではどうしても割り切れない例外的な部分がある。こういう例外には、あまり目くじらを立てずに、さっさと覚えてしまうほうが得策である。

先に述べたように、語学には暗記は避けて通れない。暗記なしで英語に挑戦するというのは、ちょっと非現実的である。したがって、頑張って覚えた後で、理屈によって再整理する、と捉えるとちょうどよいだろう。

一見覚えるしかなさそうな文法規則の裏に、精妙な理屈が隠されていることがある。これを理解すると、無機質の規則が自分の頭に強烈に印象づけられる。記憶の定着率が飛躍的に向上するのである。

たとえば、**大西泰斗（おおにしひろと）、ポール・マクベイ著『ハートで感じる英文法』**（NHK出版）は、文法のとらえ方を根本から変えて大ヒットした。NHKテレビの英語講座のテキストをまとめたもので、文法をイメージ化し、感覚で

理解しようというものである。

　受験用の問題集で力をつけた後は、ぜひ一般向けの文法解説書を読んでみていただきたい。学校英文法の枠組みを超えた解説を与える斬新な切り口がたくさん見られて、非常に勉強になるものだ。**大西泰斗著『英文法をこわす』（NHK 出版新書）**もお勧めである。

　逆に、解説書の説明に納得がいかない本も出てくるかもしれない。そういう場合、無理に理解しようとする必要はない。英文法の解説には決まった定型はないのである。「自分には合わなかったな」と思って、放っておこう。

　英語の参考書にも、人付き合いと同じように相性があるものである。**伊藤和夫**先生が残した著作は、私にとってはそのどれもが琴線に触れるものであった。

　ところが、最近の学生に紹介すると、「字が多すぎる」「誌面がモノクロでかったるい」などの感想も出ることがある。要は、自分に合った本を選ぶことが肝要である。「これから勉強だ」とあまり肩肘張らずに、趣味のつもりで気楽に読んでみていただきたい。

■ 知的格闘技として楽しもう

　「本は文房具」という学習法を既に紹介したが、私がどのように使い倒しているかを紹介しよう。間違えた問題に印を付けたり、印象に残った部分に線を引くだけではなく、コメントを残すのである。疑問に感じた部分にはどんどん「つっこみ」を入れていく。

　先日、長年愛読している文法解説書を読み返している

と、余白に「なぜ？」とか「本当？」と書いてあった。かなり批判的に読んでいたため、著者の述べた「○○の説には説得力がない」という記述には「説得力がないのはお前だ！」と走り書きまでしてあって笑ってしまった。

　こうした解説書も、新たな気づきをもたらしてくれる。**能動的に書き込みをすることで著者と対話でき、自分が得た知見や疑問点なども明確になるのである。以前とは違った角度から文法を見つめ直し、時には感動を与えてくれることもある。**

　ここまでくると、英文法は「知的格闘技」の１つとなる。伊藤和夫先生が大学時代に哲学者**スピノザ**（1632〜1677）の**『エチカ』（初版1677年）**を専攻した話を聴いたことがあるが、英文法は『エチカ』に勝るとも劣らず知的な世界を見せてくれるのである。

　たとえば、私は、高校生の頃から**江川泰一郎著『英文法解説』（金子書房）**を愛読している。30年以上も読み継がれたロングセラーで現在は改訂３版が出ている。

　この他にも、解説がくわしく読んでも面白い文法解説書として、前述の**安藤貞雄著『現代英文法講義』（開拓社）**が刺激に満ちていて一押しである。高価な本であるが、文法に関する疑問を解消したいなら、手元に置いておきたい１冊である。

　私は京大勤務の24年間に「地学」の入試問題も作ってきたが、だからこそ「たかが大学受験」とは考えていない。「たかが受験」は「されど受験」につながる。日本の大学受験に課された英語のお陰で、日本人の論理的

な思考力が鍛えられたと私は考えている。

ちなみに、英語学者の**江利川春雄**教授は**『受験英語と日本人』（研究社）**の中で、受験英語は日本人の英語学力の形成にとって欠かせない財産であることを力説している。**平泉渉・渡部昇一著『英語教育大論争』（文春文庫）**もそうした文脈で書かれた本である。

また、「文法的に正確な分かりやすい話し方」こそが「日本人の英語」のあり方であり、最近はその良さが失われつつある、と主張している識者が少なからずいる。その一例として、**マーシャ・クラッカワー著『日本人の英語力』（小学館 101 新書）**も一読に値する良書である。

■ 文法の「無意識化」

ここまで文法学習法を述べてきたが、勉強したあとにもう１つ必要な作業がある。それは、**文法の「無意識化」**である。

人間には意識と無意識がある。ふだん英語を勉強したり人と話したりするときには、「意識」を使って行動する。しかし、人間は同時に、「無意識」を働かせてさまざまな「知的活動」を行なっている。

たとえば、自転車に乗ることを考えてみよう。自転車に乗っているときに、足や手の運びのすべてを「意識」している人はいない。

最初は「意識」しながらよろよろと乗り始めるが、慣れてくると手や足がひとりでにバランスを取り、スムーズに乗りこなすことができる。この時に人は「無意識」を働かせて自転車を運転しているのである。

逆に言えば、「意識」を働かせているうちは、上手に乗ることはできない。「無意識」に任せるようになって初めて、乗りこなせるようになるのである。こうした「無意識」の働きは、20世紀になって**フロイト（1856〜1939）やユング（1875〜1961）**などの心理学者によって発見された考え方だ。

それと同じで、**英語が得意な人は、文法を意識せずに英文を読んでいる。最初は何事も意識的に学習するのであるが、ある程度進んだら無意識の領域で英語を使う姿勢へバトンタッチすると良いのである。**

英語ができる人は、「私は文法を気にせず話している」とよく言う。無意識の領域で英語を使いこなせるようになると、こうした感じになる。

「文法を意識したことがない」と言う人の中にも、いくつかのタイプがある。実は、「文法を意識せずに読む」行為にも、「悪い読み方」と「良い読み方」があるのである。

悪い読み方は、「文法を意識せずいいかげんに読んでしまう」状態である。反対に、良い読み方とは、「文法を意識せずに正確に読める」という状態である。ここで、文法を意識しない人を3つのタイプに分けて説明してみよう。

タイプ1。きれいな発音で英語をペラペラとしゃべっている人がいる。私たちもウットリ聞き惚れてしまうのであるが、よく聞いてみるとメチャクチャな英語である場合がある。

動詞の活用が違っている、前置詞が抜けている、など文法がでたらめなのである。ひどいブロークンイングリッシュを堂々としゃべっているタイプである。

　こうした人は、英文を読んでも、分かった気にはなっているが、とんでもない誤解をしている。英文を意識せずに適当に書いてしまうタイプである。

　もし契約書を書かせたら、あとでたいへんな騒ぎになることは必定だ。日常会話レベルでは困らないかもしれないが、ビジネスでは失格である。

　タイプ2。もともと言語センスに秀でており、大した苦労をせずに外国語が「できて」しまうタイプ。本人が言うには「何となく」分かってしまうそうで、問いただしてみると間違いがほとんどない。

　京大生の中にもいるが、文法や読解法を説明すると、「なんでそんなことまで説明するんですか。英文を見たら自然に分かるじゃないですか」と言う。自分に馴染みのない分野の英文を読むと、時には誤読もするが、基本的には正確な読みができる。

　斎藤兆史著『英語達人列伝』（中公新書）には、明治期の日本人のこうした例が鮮やかに描かれている。新渡戸稲造、岡倉天心、鈴木大拙など、苦労せずに英語ができる人は昔からいるのである。見ていてうらやましい限りであるが、これはきっと生まれ持った才能だと思う。

　タイプ3。最後のタイプは、英文法をきちんと習得した結果、英語がきちんと読めるようになった人である。

英文法を学んだのはずっと昔のことなので、今は「文法を意識せず読める」と思っているのである。ちょうど子どものころに自転車の乗り方を教わったのだが、大人になった現在はすっかり教わった事実を忘れているようなものである。

　このタイプは、自分の頭の中にある英文法がうまく機能している人である。英文法の知識としては自覚していないが、活用しながら英語を使っている。すなわち、無意識的に英文法を使っている状態で、皆さんに目指していただきたいのはこの状態なのである。

　換言すれば、タイプ1は「できると勘違いしている人」、タイプ2は「最初からやらずにできる人」、タイプ3は「きちんとやった結果できる人」である。

　そして巷ではタイプ1やタイプ2の人たちが、英語の勉強法についてアドバイスをくれることがある。いずれも「できる（と勘違いしている）人たち」なので、自信（過信）があるからである。

　残念ながら、彼らは両方とも文法学習の大切さを理解していない。文法の位置づけがよく分からないまま、「英文はとにかくたくさん読めばよい」とか「大量に聴き流せばできるようになる」といった類の助言をする。

　これは一面では真理なのであるが、そうした行動をする前に英文法をきちんと学んでおかないと、まったく効果が出ない。

　ちなみに、「たくさん読む」とは洋書の数十冊分、また「大量に聴く」とは音声教材にして数百時間分をこな

第5章　文法力を武器にする　105

して、初めて意味があるものである。すなわち、**「文法なんか意識しなくても英語はできるようになる」のが完全な幻想であること**に気づいていただけたはずである。

　最終的には、文法を「意識」せずに英語を使いこなせることが目標となる。こうした文法の「無意識化」を達成するには、きちんとしたプロセスを経なければならない。

　最初は文法を強く「意識」しながら英語を使う段階を辿る、というのがもっとも早道なのである。くわしくは**拙著『成功術 時間の戦略』（文春新書**、143 ページ）の第7章「無意識活用法」を参考にしていただきたい。身体感覚から勉強を進めてゆく方法論である。

第6章 リスニングは習慣化が命

■ まずは音声から「楽しさ」を知る

「はじめに」では私の中学時代の、音声学習重視での英語事始めの体験を語った。とてもスムーズに学習をスタートでき、その後の学習の自信と楽しみにつながった。だからビジネスパーソンの英語の学びなおしにおいても、最初は音声学習に重点を置いて始めていただきたい。

前章では文法学習の大切さを説いてきたところなので意外に思われるかもしれないが、最初は「音声」から入ってほしいのである。英文法が重要であることは揺るぎない事実なのだが、文法学習からスタートすると、英語が無味乾燥の知識を注入する苦行になってしまう。

楽しく興味を持って学習を続けることを考えると、私の中学時代のように**知識を得る前に、音としての英語に触れていただくほうがはるかに良い。「英語ってこういうものか」とリアルに触れることで、楽しさを味わうことができる。五官から入るメソッド**だ。

具体的には「英文を声に出して読む」作業に、毎日必ず取り組んでほしい。そのため初歩の音声学を応用しながら、最初に発音の訓練を行なう。

ここで「ひたすらネイティブの発音を聞いてまねる」といった根性論に従うのではなく、「声帯」から音が出る仕組みを科学的に理解して練習する。英語を楽しく学

ぶため実験心理学の知識を活用する発想である。

　英語に特徴的な音を舌と口を使って作り出しながら、正しい発音を自分の耳で聞いて、英文の流れを頭に定着させる。これは一度慣れてくると、実は非常に楽しい学習法である。

　ちなみに、現在ではネットを用いた優れた英語教材がいくらでも入手可能なので、音声面の学習システムを学びなおしの最初に入れることは容易である。これまでの勉強の仕方をまずリセットしていただきたい。

　たとえば**イギリスの公共放送 BBC の英語学習サイト**（https://www.bbc.co.uk/learningenglish）など、コンテンツが豊富で工夫も凝らされている。音声も聴くことができるので、参考にしてほしい。

■ 「英語が聞ける」とは

　リアルな英語、つまり音声から入ることはすなわち「リスニング力」の向上に直結する。

　まず、「英語が聞ける」とはどういう状態か、どのような力が必要かを考えてみよう。

　「英語が聞ける」というのは、個別の単語を1つ1つ意識したりせず、全体のリズムをとらえ、スピードについていきながら、英文の内容がイメージとして頭に浮かぶようになって初めて体現できる状態である。

　究極的には「英語を聞いている」ということすら意識しない状態、つまり、何語でコミュニケーションをとっているかを意識しないまま、相手の言っていることが理解できている状態、と言えるだろう。

108　第Ⅱ部　英語を使いこなす基本技術

文法や英文解釈に不安がある状態では、英語が聞こえてきた瞬間に、日本語の思考が始まってしまう。そうなると、それ以降の英文が聞こえてこず、何を言っているかがわからない状態になる。

　リスニングに慣れていない場合、いったん音声の流れから脱落してしまうと、途中の合流は至難の業となってしまうのである。

　日本語と違って英語では、最初の数語で「肯定文か、疑問文か、否定文か」、また「現在か、過去か、未来か」などの重要な情報が与えられる。

　よって、**音声の最初から、「途中で脱落せずに最後までついていく」ことがリスニングの鉄則となる。そのためには、最初の数語を特に集中して聞くようにしよう。特に、英語では冒頭に文の性質を決定づける大切な情報が詰まっているからである。**

　ちなみに、**TOEIC** 試験のパート2には、話者の2人の短いやり取りを完成させる問題がある。ここでは、1人目の発話が「肯定文か、疑問文か、否定文か」、また「現在か、過去か、未来か」を把握するだけで解答できる場合もある。すなわち、音声の最初の数語を集中して聞くようにするだけで、正答率がぐっと上がるのである。

　日本語を介さない理解が必要なリスニングの練習には、自分の実力よりも易（やさ）しめの教材を用いることが肝要である。英語のまま理解できる状態を作り上げ、そのレベルを少しずつ上げていくのが効果的だからである。

　リスニングを難しく感じるかどうかは、発話のスピー

第6章　リスニングは習慣化が命　109

ドや明瞭さが大きく関係する。意外にも、話の内容や使用される語彙よりも、速度のほうが影響するのである。

　よって、市販のリスニング教材を購入する際には、ぜひ試聴するようにしていただきたい。できる限り実際の音声を聞いてみて、自分のレベルに適しているかどうか判断する必要がある。

　もし、試聴ができず、どの教材を選べばよいか判断に迷う場合は、月刊の英語学習誌などを活用するとよいだろう。たとえば、『**CNN English Express**』（**朝日出版社**）では、初級者向けの音声教材から上級者向けのものまで収録されている。

　1つの号に、さまざまなレベルの音声教材が入っているので、その中から自分に合った題材だけを使用する。定期購読までしなくても、1冊を使いこなせば数カ月間は訓練できる。

■ 英語を意識しない

　とどまることなく流れてくる英語を理解しながら聞くためには、まず文法を意識しないことが大切である。意識が文法に引きずられる結果、耳が英語を捉えられなくなるからだ。

　さらに頭の中で和訳することは絶対しないようにしよう。リスニングの最中は日本語で思考しないことが肝要である。言わば無の境地で、しかし集中して聞くのである。無心になって耳に入ってくる音声に身をまかせる、という状態を作り出そう。

　易しめのリスニング教材を用いても、初めのうちは単

語が数語聞き取れるだけかもしれない。英文の意味がぼんやり頭に浮かぶ程度だったりするが、練習を重ねていくうちに、はっきりと分かるようになる。

「耳に入る音声に身をまかせる」ためには、英語の発音について深く考え込まないことも大切である。いま聞こえた「ス」は th だろうか、それとも s だろうか、など細かな音の違いに気をとられないほうが上達する。個別の音の識別に注意を払いすぎると、日本語の思考が始まってしまい、耳が英語を素直に捉えられなくなるからである。

ちなみに、リスニングの訓練として、light（光）と right（右）、また hat（帽子）と hut（小屋）などを聞き分ける練習教材がある。こうした単語の聞き分けは、初級者にとってそれほどむずかしいことではない。

発音に注意すれば、単語単位の聞き分けならば短期間でできるようになる。しかし、文の流れの中で「ライト」と聞こえたときに、light と right を区別するのは非常にむずかしいのである。

というのも、私たち日本語話者の口や舌が日本語の発音の「構え」を覚えてしまっているからだ。これと同じく耳もまた、聞こえてくる音を日本語の音声として捉える「構え」を既に身につけている。つまり、l の音が聞こえても、r の音が聞こえても、日本人は瞬時に同じ「ラ行」として認識するのである。

実は、既に自分の耳が持っている音認識パターンを再設定するには、それなりの時間が必要となる。したがって、発音練習をする中である程度、英語特有の音に慣れ

第6章　リスニングは習慣化が命　111

たら、リズムに重点を置いたリスニング練習に切り替えるようにする。

実際に英語は世界中で話されているため、使われる地域によって文法や語彙が異なる場合がある。使用地域ごとに、アメリカ英語、イギリス英語、オーストラリア英語などと呼ばれることはご存じだろう。

音声にもそれぞれ特徴があるので、英語が達者な人でも、アメリカ英語は聞き取れるがイギリス英語は聞き取れない人がいる。「イギリス英語は別の外国語のように聞こえる」とさえ言う人もいるのである。

アメリカ英語とイギリス英語の一番わかりやすい違いは、**car** や **teacher** の最後の **r** を発音するかしないか、である。r を発音しないイギリス英語のほうが、日本人にとっては聞き取りやすいといわれることがあるが、アメリカ英語ばかり聞いていると、イギリス英語が異言語のように聞こえるのだろう。

ここまで極端ではなくても、話される地域によって音声的特徴が異なるので、アメリカ英語、イギリス英語、オーストラリア英語などの中から、まず自分の目的に合った英語を選ぶと良い。

そして、「耳に入ってくる音声に身をまかせる」訓練をする間は、その英語に的を絞ってリスニングの練習をしよう。**リスニング教材を購入する際には、音声を吹き込んでいるネイティブスピーカーの国籍を必ず確認していただきたい。**

112　第Ⅱ部　英語を使いこなす基本技術

■ 「シャドーイング」のススメ

　リスニングがうまくできない時は、とにかく「英語が速くてついていけない」と感じてしまう。実際に、英語が聞き取れない最大の要因は、先ほど述べた l と r の聞き分けができないことではなく、スピードについていけないことなのである。そして**スピードについていけない原因は、英語特有のリズムにあるのである。**

　「スピードについていけない」というのは、単純に「速すぎる」こととイコールではない。それぞれの言語には特有のリズムがあり、日本語を話すときのリズムと英語を話すときのリズムは、大きく異なる。そのため、英語のリズムに適応できていないと、英語を 0.8 倍速でスロー再生したところで、あまりうまく聞き取れないものなのである。

　ここでは、英語のリズムを身につけるための最良の訓練法「シャドーイング」を紹介しよう。

　英語は日本語と違って、文中で強く読む部分と弱く読む部分がはっきりとしている。すなわち、強・弱・強・弱・強……と周期的に繰り返されるという特徴がある。

　大きな声で読む部分と小さな声で読む部分が交互に現われ、日本語にはない英語特有のリズムを生み出しているのである。こうした強と弱を繰り返すリズムは、単語単位でも、また文単位でも現われる。

　しかも、この強弱はスピードとも深く関係している。強く読む部分はゆっくりと、また弱く読む部分は速く読まれるのである。

　こうしたリズムに慣れていない日本人は、音声のペー

第 6 章　リスニングは習慣化が命　113

スをつかみづらく感じやすい。よって、どこからどこまでが1つの単語なのかさえ、判別しにくくなるのである。

こうした強弱リズムを理解するために、日本語を話すアメリカ人をちょっと想像してみていただきたい。その人がどんなに日本語が上手でも、何となく英語の強弱リズムの加わった日本語を話していないだろうか。

では英語独特のリズムのペースをつかむにはどうしたらよいのか。実は、ものまねをする時のリズムが、英語の強弱リズムなのである。したがって、英語をネイティブっぽく話したいならば、日本語を話すアメリカ人のものまねをしているつもりで英語を話せばよいのだ。

リスニングの際にも、このリズムに慣れることが一番の課題となる。日本語は強弱リズムを持たないため、英語特有のリズムがあると頭では分かっていても、なかなか耳が順応してくれない。野球でいうと、剛速球とスローボールを交互に投げられて体が反応できないような感じである。

そこで、**強弱リズムを体で覚えるために、ただ聞くだけでなく、同時に口を動かして発音する訓練をする。それが「シャドーイング」の方法論である。**オリジナル音声に、影（シャドー）のようにぴったりくっついて追いかけることから、こう呼ばれている。

シャドーイングは、必ず音声付きの教材を用いて練習しよう。方法はいたってシンプルである。

流れてくる音声を聞いて、ネイティブスピーカーの発音やリズムを、正確にまねしながら発声する。ここでの

ポイントは、再生中の音声を止めないことである。

つまり、流しっぱなしの音声を、1秒ないし2秒遅れでそのまま繰り返すのである。音声を聞きながら、同時に、遅れずに発声をしていただきたい。

このとき注意したいのは、スクリプト（印刷された本文）は見てはいけないという点だ。音声の一時停止もしてはいけない。音声をスタートさせたら最後までノンストップで、何も見ずにひたすら聞こえてくる音声を繰り返すのである。

なお、訓練初期の教材としては、1分以内のものがよいだろう。ネイティブの音声をきちんと耳だけで追いかけ、口でものまねすることが目的である。途中で言いよどんでしまっても、直後に聞こえてきた部分から繰り返そう。停止ボタンを押さないことがポイントである。

いま「発音やリズムをまねしながら」と書いたが、最初は英語特有のリズムに慣れることが先決である。したがって、発音にまで気が回らない場合は、聞こえてくる音声の強弱をまねることに、まず意識を集中させよう。

英語の強弱リズムを体得するためには、声を大きくさせたり小さくさせたりして発声していただきたい。声の大きな部分はゆっくりと、また声の小さな部分はすばやく発声するのがコツである。大げさすぎるくらいで構わないので、しっかりと声に出してみよう。

■30秒〜1分の教材を1カ月繰り返す

ここではシャドーイングの訓練の具体的な進め方を述べておこう。最初に、**30秒から1分の音声教材を、1カ**

月ほどかけて練習する。

　ここでは詳細な解説のついたスクリプト（音声の書き起こし）が用意されている教材を選んでいただきたい。発話のスピードや抑揚を、できる限りまねをしながら繰り返そう。

　先ほど述べた注意点、つまり**スクリプトは見ない・音声の一時停止はしない、を守って取り組み、音声の最後までシャドーイングを終えたら、スクリプトを見直して確認しよう。その後またスクリプトを伏せ、音声のみのシャドーイングに挑戦、という繰り返しである。**

　なお、スクリプト用の教材は各種のジャンルで用意されているので、自分の興味があるテーマで選んでほしい。

　特に、専門用語などを補足として解説しているものであれば、英語の勉強をしながらコンテンツもインプットできるので一石二鳥である。

　シャドーイングに慣れるまでは、30秒の音声でもとても長く感じられるかもしれない。それでも、1つの題材を数十回繰り返し、1カ月程度の時間をかけて練習しよう。

　なお、音声が無料配信されているウェブ上のニュース番組では、スクリプトが公開されているものがある。こうした教材を選んで、毎日違う文章でシャドーイングを行なうのもよいだろう。

　たとえば、「**CNN 10（CNN Student News）**」は、アメリカの高校生向けに毎日配信されるニュース番組である。ここでは多彩なテーマが取り上げられ、クイズ等を

交えながら楽しく解説している。知的好奇心を満たすという意味でも、優れた教材である。

シャドーイングでは、英文の細部まで理解したものを用いて練習しないと、効果が半減する。よって、シャドーイングを始める前に、辞書を使っていねいに英文を読み込んでおこう。

全訳や解説のついているリスニング教材であれば、ここでかかる時間を短縮することができ、シャドーイングに集中して取り組める。

■ 内容に共感できるスピーチを選ぶ

教材つまり音声を選ぶ際のポイントは、内容として自分が共感できるスピーチを選ぶことである。具体的には、オバマ元大統領やキング牧師、スティーブ・ジョブズ氏など超メジャー級のスピーチの一部を使用するのもお勧めである。

また、TED (ted.com) というサイトでは、各界著名人の一流の英語スピーチを無料で視聴することができる。ちなみに TED とは、Technology Entertainment Design の略である。表現がとても練られており、洗練された英語、文章としても「上手い」英語に出会うことができる。

この中には、日本語字幕や英語字幕を表示できるスピーチもたくさんある。お気に入りのスピーチが見つかったら、その一部をシャドーイング教材として活用しよう。もちろん、**最初は字幕はオフにして聴き、シャドーイングに挑戦しよう。**

第6章　リスニングは習慣化が命　117

たとえば、**スティーブ・ジョブズ（1955 ～ 2011）**が 2005 年のスタンフォード大学卒業式に寄せたスピーチ **「How to live before you die」**は 15 分とやや長いが、一聴に値する秀逸な内容である。「ハングリーであれ、愚か者であれ（Stay hungry, stay foolish）」の名言が有名だ。

これから社会に出る若者に限らず、広い世代に「学び」となる強いメッセージを、分かりやすい短いフレーズで表現し聴衆の心をつかんだ。必聴の教材である。

さて、シャドーイングを軸にしたリスニングのための参考書として、**国井信一・橋本敬子著『究極の英語学習法 K／H システム　基本編』（アルク）**という好著がある。シャドーイングが英語力を向上させる理由と、その具体的な訓練方法が書かれている。

学習ステップを細分化し、ステップごとにていねいな指示を出しているので、今何をすべきか、その訓練の目的は何かを明確に把握できるだろう。また、題材となる英文が完全に理解できるように、詳細な解説もついている。ややレベルの高い教材であるが、指示通りに努力を続けるとリスニング力も飛躍的に向上する。

リスニングの練習ではさまざまな音声教材が市販されているが、まずネットを活用して無料でリスニングの練習をしてみよう。先述した **TED** もこれに含まれる。

具体的には、**American Rhetoric（アメリカン・レトリック）**というサイトがお勧めで、アメリカの有名なスピーチを聞くことができる。**American Rhetoric** のトップページから **Online Speech Bank**（オンライン・スピーチ・

バンク）を選択してクリックする。

たとえば、元大統領も務めた**バラク・オバマ** **（1961〜）**は演説が抜群にうまく、何度聞いても飽きず速すぎず、英語のリスニング学習に最適である。書店にはオバマ大統領のスピーチだけで構成された英語リスニング本が何冊もあるので、英文でもチェックできる。

■ 「英語を聞く」を習慣にしてしまおう

なお、リスニング教材を選ぶときのコツは、「レベルが合っているかどうか」を確認することが第一である。さらに「聞きたい！」と思える内容かどうかも重要である。

耳を鍛えるためには、同じ音声を何度も繰り返し聞く必要がある。**興味を持てる内容であり、聞き入ってしまうほど話者の熱が伝わってくる教材であれば、リスニング学習は絶対に継続できる。これが、リスニング力を鍛える秘訣なのである。**

ネット上で、「英語　リスニング　無料」や「英語スピーチ　音源」などといったキーワードで検索してみよう。さまざまな種類の学習サイトや、そうした学習サイトを紹介している個人ブログなどが出てくる。

なお、英語学習者の個人ブログには、お勧めの教材や学習法を紹介するものも少なからずある。自分のヒントになると同時に、「こんなふうに頑張って勉強している人がいる」と知ることで、モチベーションアップにもつながるだろう。

上達の一番のポイントは、英語を意識せず、１つのメ

ディアとして聞く習慣をつけることである。たとえば、ドライブ中や家事などの作業中に、好きな音楽やラジオ番組（日本語）をかけて、「ながら視聴」しているだろう。それを英語メディアにしてみてはどうだろう。

スマホならば、**ポッドキャスト（Podcast）**を開いてみよう。トップ画面に「英語のポッドキャスト」の選択肢が表示されるので、これをタップするだけである。

すると、先ほども紹介した**BBC**の最新ニュースや**TED**のコンテンツも聴くことができるし、他にもコメディやビジネス、メンタルヘルスなど、英語圏で人気のコンテンツが豊富に揃っている。

勉強だから、と肩ひじ張らずに、お気に入りのコンテンツを見つけて、趣味として「英語を聞く」を習慣にしてしまおう。ここでも「継続は力なり」。まずは続けることで、耳が鍛えられるので、ぜひ試してほしい。

第Ⅲ部
………………
合理的なアウトプット術と英語の活用

第7章 作文力獲得のツボ

■ 短期間でモノにできる!

さて本章からの第Ⅲ部では、英語を使って表現をする
アウトプットについて、また、発展編として英語の教養
やデジタル環境について述べていこうと思う。まず本章
では、アウトプットの基本、英作文について解説する。

わが国では英語を書く行為は読む行為よりもずっと難
しいように思われている。京大生でも英作文が苦手と言
う学生は非常に多い。

社会に出てからも、英語をある程度は読めるがさっぱ
り書けないと言うビジネスパーソンは少なくない。実際
に、ネイティブスピーカーと同じレベルで文章を書くと
なると、途方もない量の訓練が必要になる。

一方、相手に通じるだけの英語を書くことは、それほ
ど難しくない。うまく工夫すれば、限られた語彙力でも
立派に通じる英語を書くことができる。

また、英語を話す場合には、その場で瞬間的に英語を
作り出し、一定のスピードで発話しなければならない。
英語がスラスラと口から出てくるようにするには、それ
なりの訓練期間が必要となる。それに対して**英語を書く
場合は、じっくりと推敲できるため、取り組み方さえ身
につければ短期間で一気に「作文力」を伸ばすことがで
きる。**

大学入試でも「英文読解は点が取れるが英作文はボロ

122　第Ⅲ部　合理的なアウトプット術と英語の活用

ボロだ」という生徒が多くいる。ところが、英作文は実は短期間で一気に伸ばせるのだから、どう手当てするかを考えてほしい。英文読解では自分の知らない英単語が続出したら文章が理解できない。よって、事前になるべくたくさんの英単語を覚え、「入試本番で自分の知らない語が出ませんように」と祈るしかない。「英単語を知っているか、知らないか」が答案の出来に直結するからである。

　それに対して、**英作文は「自分の知っている単語」を使って英語を書く、という作業である**。たくさんの単語を知っているに越したことはないが、「単語力」を問われているわけでは決してないのである。

　「自分の語彙力でいかに工夫して表現するか」という表現力が問われている問題なのだ。極論すれば、大学入試で出題される英作文の多くは、「中学レベルの英語」でも８割程度は表現できる。実は、発想の転換と少しの訓練で、非常に多くのことが表現できるものなのである。

■ まず「通じる英語」をめざす

　何かを英語で表すときには、ネイティブスピーカーとまったく同じ表現をしようと無理をしたりせず、「通じる英語」を書こうと心掛けることが大切である。**「通じればよい！」と自分の中のハードルを下げるのである**。

　日本人はどうしても完璧を求めてしまい、「自然な英語」を書かなければネイティブに笑われる、「正しい英語」でなければ通じない、と思ってしまう傾向が強いよ

うに感じられる。そして、その結果、英語を書こうとしても筆が進まない、何も書けない、という状況に陥ってしまうのである。

　これは、英語を指導する先生の側も大いに反省すべきところである。学生は、中学1年生の頃から、「ピリオドがない」「冠詞の a がない」「動詞に三単現の s がない」などとバツをつけられてきた。こうして点数を落としたため、「完璧でないとマルがもらえない」＝「完璧でないと通じない」と思ってしまっているのだ。

　多くの日本人は、「正しい英語を書く」ことが強迫観念のように頭にこびりついてしまっているのだろう。もちろん、ピリオドも冠詞も三単現の s も、英語の大切な要素なのであるが。

　しかし、致命的な間違いでない限り、たいていのミスは、読む相手が意図を汲み取って理解してくれる。試験ではなくコミュニケーションなのだから、若干不自然な英語でも、たいていは意味が通じるし、それで笑われることはない。我々が英語を話したり書いたりするときも、多少ぎこちなくても通じることは少なくない。

　逆の場合を想像してみよう。日本語学習中の人が、日本語でメールを書いて送ってきたとしよう。間違い探しなどはせず、相手は何を伝えたいのかを思って読まないだろうか。それとまったく同じである。

■ 「和文和訳」から始めよう

　「英語を書く」という行為の究極は、「英語で考えて英語で書く」ということになる。しかし、実際には、「日

124　第Ⅲ部　合理的なアウトプット術と英語の活用

本語で思考して、それを英語に直す」という作業になるだろう。ならば、ここでは、日本語を英語に直す「和文英訳」の手順とそのコツを考えてみる。

　ただ、最初から和英辞典に頼り切ってしまうと、語彙力増強にはなっても、「手持ちの語彙で工夫をして英語を書く」という力が伸びにくくなる。「手持ちの語彙で工夫をして英語を書く」という練習こそが、「作文力」の向上につながるのである。よって、**しばらくは和英辞典を使わず英語を書く方法を考える。**

　語彙力の不足を嘆くのではなく、手持ちの単語でどううまく表現するかを考えて英語を書く訓練をする。難しい英単語を使う必要はない。コツをつかんで慣れてくると、なるべく易しく英語で表現することがとても楽しくなってくる。

　そこでのポイントは下記の３点である。

１．日本語が伝えようとしている内容と本質をしっかりと理解する。換言すれば、細かなニュアンスを伝える形容句や慣用表現などに惑わされない。
２．本質の伝達に不要な形容句などを取り除き、平易な日本語で表現する。
３．「平易な表現に置き換えた日本語」に対する適切な英語表現を見つける。なお、ここで最善の選択ができなくても、次善の表現を手持ちの語彙から選び出す。

　このような思考プロセスを身につけるため、「英文和訳」ならぬ**「和文和訳」**という練習をしてみよう。

第 7 章　作文力獲得のツボ　125

英語を書く際の秘訣は、日本の中学生が読んでわかる英文を書こうとすることである。文法も語彙もなるべく中学レベルで済ませる。複雑な文法を使おうとしたり、構造が込み入った文章を書いたりしようとすると、どこかで齟齬が生じ、通じない英語になってしまう。逆に、中学レベルで英文を書くと、多少の誤りがあっても、もともと平易な内容を表そうとしているため、大半はなんとか通じる。

　日本語の話者ではない外国人に何かを伝えたいときは、まず、頭に浮かんだ日本語を、目の前の外国人に対して、やさしい言葉を用いて噛み砕いて教えてあげるだろう。その状況をイメージして、平易な日本語に直してみよう。

　元々の日本語を、英語に直しやすい易しい日本語に置き換える作業を、「和文和訳」と呼ぶ。英文を日本語に「訳す」かのように、まさに、日本語を別の日本語に「訳す」のである。

　この作業は、日本語だけを使って作業する分、気楽に、楽しく取り組むことができる。ニュース番組や新聞の内容を、大人と比べて知識量・語彙量がはるかに少ない小学生に説明するときと同じ感覚で取り組んでみよう。

　もちろん、相手を「小学生扱い」するわけではない。ただ、自分の限られた語彙力・表現力を精一杯活用する際の心構えとして、ぜひ覚えておいていただきたい。そうすることによって、基本的な語だけを使って文を組み立てることができるようになる。

■ 動詞の言い換えと「連想ゲーム」

　和文和訳で日本語を噛み砕くことで、たいていの内容は、やさしい英語に変換できるようになる。特に、動詞はいくらでも易しく言い換えができるのである。たとえば、「告知する」なら、易しく「伝える」と言い換えて、**tell** を思いつけば **OK** である。「駆除する」という動詞なら、「取り除く」と言い換えることによって、**exterminate** が思い浮かばなくても **get rid of** や **take away** で十分に意味が通じる。

　その他の方法として、**漢語を大和言葉に置き換えてみると分かりやすくなることもある**。漢語には堅い表現や同音異義語がたくさんあるため、意味伝達のうえで視覚的な要素が大きいのである。これに対して、大和言葉は日常会話でもよく使われ、耳で聞いて分かりやすいという特徴がある。同じ内容でも、大和言葉に置換してみることで、耳で聞いて誤解なく分かる日本語となる。

　逆に、名詞はある程度、英単語を覚えていなければどうしようもできない場合がある。特に、具体的な事物を表す名詞は「易しく言い換える」ことが困難である。よって、日本語のある名詞を英語に直す場合には、往々にして「英単語を知らなければどうしようもない」という状況に直面する。こういうときは、和英辞書にお世話になろう。ただし、和英辞書も、使い方を誤ると英語力向上の妨げになることがあるので、次項で説明する。

　なお、前項で日本語を英語に直すときには、伝えるべき内容をイメージするとよいと書いた。頭に浮かんだ日

第7章　作文力獲得のツボ　**127**

本語を、いったん平易な日本語に置き換える「和文和訳」という作業である。

　ただ、文の内容によってはなかなか難しく、すぐに英語に結びつけるのが困難な場合もある。ここでは、目の前の日本語からどのように英語につなげていくのかを、さらに具体的に見ていく。キーワードは遊びの**「連想ゲーム」**である。

　「連想ゲーム」で必要なのは「想像力」「発想力」といったおおげさなものではない。日頃からこうした作業を頭の中で行なっていれば、誰でもできるようになるものだ。しかも、日常生活の中で、ほんの少しの心がけで訓練をすることができる。

　たとえば、電車に乗っている時に、中吊り広告からキーワードを選び、脳内で連想ゲームをするだけでも、十分な訓練になる。実際に紙に書き留める必要はない。**目にする日本語の中から、「これは英語でなんと言えばいいのだろう」と疑問に思うものがあれば、その瞬間に連想ゲームを開始してみよう。**1分足らずの時間で楽しくトレーニングできる。

■和英辞書の使いどころ

　ここまで和英辞書に触れずに「連想ゲーム」で和文英訳について説明した。実は和英辞書を引けば、「連想ゲーム」をしなくても適切な表現を教えてくれる。ただし、英語を書くときに、真っ先に和英辞書を引く習慣をつけてしまうと、その場では良い英文が書けたとしても、自分で表現する力は養われない。

常に「どうやって英語で表現しようか」と考えて、自分で文章を作り上げる経験を積むことが大切である。この訓練は、**英語のみならず日本語のレポートやプレゼンテーション書類の作成にも役立つ**。いわば一石二鳥の練習法なのである。加えて、時間も場所も不要で、どこでも簡単にできる優れた訓練である。

本章では「ライティングのコツ」として、連想ゲームを取り上げているが、これをすばやく行なえるようになると、次章のスピーキングでも大いに役立つ。スピーキングでは、辞書を引き引き、ゆっくりと英文を作り上げるなんてことは不可能であるから、和英辞書になるべく頼らない姿勢は習慣にしたい。

ただし、前項でも述べたように、具体的な事物を表す名詞、たとえば「サイ」（rhinoceros）、「車（自動車）」（automobile）などは、どんどん辞書を活用し、語彙を増やすことを心がけておくと、表現の幅が広がる。逆に、「三日坊主」「危ない橋は渡らない」などといった慣用句や抽象的な言い回しでは、「連想ゲーム」が大いに力を発揮してくれる。

英語を書く際は、和英辞書を手元に置き、まずは自分で「和文和訳」と「連想ゲーム」をしてみて、そのあとで、辞書で確認を取る、というスタイルで英語を書こう。

自分が「連想ゲーム」で思いついた表現と同じものが和英辞書に載っていれば、とてもうれしいものである。逆に、自分は考えつかなかったが和英辞書に記載されている表現で、「なるほど、こんなふうに言えばよいの

か」と感心したものは、書き留めて覚えておこう。

　なお、読者の中には学生時代に「和英辞書はなるべく使わないように」と指導された方もいるかもしれない。以前は英語教師の間では、和英辞書に対する評判は芳しいものではなかった（らしい）。和英辞書で提示される英語がどこか不自然だったり、日常会話では使わないような英単語だったり、そもそも知りたい項目が取り上げられていなかったりしたからである。

　特に「知りたい項目が取り上げられていない」ということに対する不満は大きくあったように思う。英語が得意な人間が和英辞書で調べようとするのは、「犬」や「女の子」のようなありきたりな言葉ではなく、「牙をむく」といった、英語教師でも即答に窮するような表現である。

　そうした表現になればなるほど、和英辞書に採用されている可能性は低くなり、英語教師は、すがる思いで和英辞書を引き、そのたびに「裏切られた」という思いをすることになったのである。それが、和英辞書に対する低評価に結びついていたのかもしれない。

　しかし、最近の和英辞書は非常に使い勝手がよくできており、日本人に使いやすい平易な英語が紹介されている。よって、最新の和英辞書をうまく使って英語力向上に役立てる方法を勧めたい。

■ 英作文は「英借文」から

　かつて私は高校時代に英語の教師から**「英借文（えいしゃくぶん）」**という言葉を教わった。英作文ならぬ英借

文なのである。これは英語を書く際の極意を表している。**英文は作り出すものではなく、まず借りてくるものだという発想である。**

多少の不自然さはあっても、なんとか通じる英語を書くことができることが目標である。**もともとネイティブスピーカーが書いた文を拝借してそのまま作文する。英借文することで英語を瞬時に書き、さらに話すこともできる。使う場面さえ間違えなければ「何とか通じる」と自信を持って書くことができる。**

1文を丸ごと借りて再現するだけでなく、2つの英文の前後をつなぎ合わせたりする。文の一部の語を文脈に合わせて入れ替えたりすることで、応用が利き、やがてあらゆる事柄を表現できるようになることに気づくだろう。

何を隠そう、私は国際会議の研究発表の際に、ネイティブスピーカーのしゃべった単語や言い回しを使い回している。つまり、**自分が10秒前に聞いた言い回しをすぐに用いて、文章を組み立てるのである。**

ここでは、ネイティブスピーカーの発音からイントネーションから、そのまま借りてくる。時には、相手の英語の構文をそのまま借用して、主語と目的語だけ変えることもある。こうして話をすると、思ったよりもよく通じることが多い。この**「オウム返し話法」**をまず試していただきたい。

■ 例文収集の方法

「英借文」を実践するためには、さまざまな英文を頭

第7章　作文力獲得のツボ　131

に入れておかなければならない。英語の例文を大量に覚えるとなるとなんだかとても大変そうであるが、そんなことはない。自分に関心のある分野や自分の仕事に関連のある分野など、「近い将来実際に使えそうな英文」を選んで覚えるのである。

　つまり、「例文収集」を制する者は「英借文」を制するのだが、その方法とコツをいくつか見てみよう。

１．既存の例文を覚える

　英語学習書にある例文を地道に覚える方法。参考書や問題集では英語学習の効果を最大限にする方法が採られている。必要な文法項目を網羅してくれていたり、易しい単語で文を構成してくれていたり学習しやすい。その反面、学習を継続するためのモチベーションの維持に工夫が要る。

　こうした際には自分の仕事に関係する記事やインタビューなどを覚えよう。お気に入りの論説や著名人のインタビューを丸ごと覚えてしまう。関心のある分野の英文なら楽しみながら覚えられ、かつ定着度も高まる。

２．通信文を覚える

　ネイティブスピーカーとメールやSNSでやり取りする人は、その機会を大いに活用できる。日頃から、相手の書いた文章の中で「これは使えそう」というものを書き出して覚えるといい。

　ただし、私的な手紙やメールだと、スラング（俗語）が使われている場合が多々ある。スラングは親しい人間

132　第Ⅲ部　合理的なアウトプット術と英語の活用

関係には役立つが、ビジネスシーンや公開文書などに不用意に使ってしまうと、印象を著しく損なう危険性もある。よって、日本人が使ってもいい表現かどうかも含めて、使用に注意が必要である。

　相手の使う表現がスラングかどうか判断できないこともある。したがって、「使える表現を確実に覚えたい」という場合は、市販の「英文手紙文例集」などを参考にしよう。この場合も、収録された英文を片っ端から覚えるのは得策とは言えない。文例集から実際に使いたい表現を抜き出して覚えるとよいだろう。

3．辞書の例文を書き出す

　和英辞書を引く作業の際、なるほどと思う表現があれば、書き出して覚えよう。その際には語句レベルで書き出すのではなく、なるべく完成した文の形で書き出す。たとえばスマホの電子辞書の例文であれば完成しているので、そのままコピペして抜き出し、メモしてしまうのがよい。こうして**スマホ上に自作の例文集ができあがる**。

4．映画のセリフを抜き出す

　日本語音声＋英語字幕というちょっと変わった組み合わせで洋画を視聴して、セリフを抜き出す方法である。ちなみに、英語学習に洋画を活用するとなると、英語を聞いてリスニング力を鍛える方法が一般的である。

　確かに楽しみながら学べるという点で非常に有効な学習法だが、映画のリスニングは意外に難しい。実際には

第7章　作文力獲得のツボ　**133**

1本の映画で2～3のセリフが聞き取れたら十分である。

　よって、洋画を使いはするが前章で扱ったリスニング力の向上を目指すのではなく、作文に応用する。具体的には、例文収集に活用し英語の表現力を高める方法である。

　洋画のソフトや各種配信サイトでは、たいてい音声（英語または日本語）と字幕（英語または日本語）をそれぞれ選べるようになっている。ここで**音声を日本語、また字幕を英語に設定して映画を視聴する。**

　字幕が表示されて消えていくスピードはかなり速いので、目で追って読むのが最初は追いつかない。したがって、英語字幕は視界の端に入れる程度にして、基本的には日本語音声で映画を楽しもう。

　そうするうちに、**目の端でとらえた瞬間に理解できるくらいシンプルな英語が字幕で表示されることがある。そのときが例文収集のチャンスである。**耳に入ってきた日本語と、字幕で表示されている英語を比べる。ここで「なるほど」と思うものがあれば、一時停止を押して日本語と英語を書き留める。あまり頻繁に実践すると肝心の映画が楽しめなくなるから、**1本の映画で数本の例文が収集できれば十分である。**

　最初にお気に入りの映画で実践していただきたい。繰り返し視聴しても飽きない映画を選ぼう。日本語音声で映画の内容がわかった後で、英語音声に切り替えて再度視聴するのも良い。英語音声＋英語字幕である。そうしてゆくうちに聞き取れる部分が大幅に増え、リスニング

のトレーニング効果も高まる。英語字幕に実際に使われている文を目にすると強く記憶に残るので、それを活用するのである。

■ 「英文のストック」を増やす

　以上、4つの具体的な方法を示したが、**最終的には「英文のストック」を増やすことを目標としたい。言いたいことを平易な英語で表現するには、「以前に書いたことがある英語」がどれだけ頭に蓄積されているかがキーになるからだ。**

　実際、我々が日本語を話したり書いたりするときには頭の中にある膨大なストックから、複数の文を取り出して、それをそのまま発したり、一部を加工して発したりしている。単語を1つ1つ取り出して文法に則して並べ、その場で新規の文を生成しているのではない。ネイティブスピーカーが英語を話したり書いたりするときも同様である。

　膨大な「文のストック」から適切な表現を取り出して再生する。それによって素早く言葉を紡いだり理解したりすることが可能になる。知っている言葉が多いほど使える表現も多彩になる。よって、**作文力だけでなく、スピーキング力を高めるためには「文のストック」をできるだけ増やしていく必要がある。**英作文は「自分の知っている単語と表現」を使って英語を書く作業、という鉄則は常に変わらないのである。

　英作文力は単語力と読解力に確実に比例するものなので、ここで再び第3章「読解力がすべての基礎となる」

第7章　作文力獲得のツボ　135

（本書44ページ）と第4章「単語力を身につける」（本書61ページ）に立ち戻って、それぞれの力にも磨きをかけていただきたい。

■ 実践・実用もアプリで気軽に

さて「英文のストック」を増やすことの重要性をこの章では述べてきたが、やはり実践の場で「使う」ことが上達の早道である。身近にネイティブの相手とやり取りできる環境があれば話は早いのだが、今はそれを実現してくれるスマホアプリがある便利な時代である。

たとえば「HelloTalk」などでは、ネイティブとチャットしながら自分の英作文を添削してもらえる。チャットで気軽に1文ずつ、英語が通じているか、もしミスがあるならばどこかを知ることができる。もちろん、英作文だけでなくスピーキングやリスニングの実践の場としても活用することができるだろう。

このように語学を学習したい人が集まるアプリを実践の場として、自分の「ストック」を増やすこともできるのである。

第8章 スピーキングの上達が自信を生む

■ 「声に出して読みたい」英文

すでに第6章でも力説したところだが、私は英語学習の最初から音声面の訓練を持ち込む方法を勧めている。大人の英語の学びなおしでもそれが当てはまる。声を大にして、まずは発音練習の重要性をお伝えしたいのである。

音声学習は、本章で扱う「スピーキング力」にももちろん直結する。具体的には、「英文を声に出して読む」作業を必ず加えて学習するのである。初歩の音声学を応用しながら、最初に発音の訓練を行なうのだ。

ここでは「ひたすらネイティブの発音を聞いてまねる」といった根性論に従うのではなく、「声帯」から音が出る仕組みを科学的に理解して練習しよう。

たとえば、英語に特徴的な音を舌と口を使って作り出しながら、正しい発音を自分の耳で聞いて、英文の流れを頭に定着させる。現在ではネットを用いた優れた英語教材がいくらでも入手可能なので、ぜひ英語の学びなおしに活用していただきたい。

手近なところでは、**Google 翻訳**を使えば、正しい英文とネイティブの発音が瞬時に出てくる時代だ。活用しない手はない。また、**iPhone のメモ機能の、音声入力**も使える。英語入力の設定にして、発音してみよう。ここで間違った発音をしていると、文字が正しく入力されな

い。自分の発音チェックに大いに活用していただきたい。

■ 限られたパターンを繰り返す

そもそも言葉を話すとはどういう作業だろうか。言いたいことが浮かんだとき、適切な単語を文法規則に当てはめて配置し、文を生成していると思う。実はそうではない。

私たちが日本語を話しているときも、文章をゼロから生成しているのではない。言いたいことが高速で口をついて出てくるのは、あらかじめ頭の中に蓄えられている文章を再生しているからである。

そして、聞き手がそのスピードについていけるのも、聞こえてくる文と似た構造の文を今までに大量に聞いたことがあり、その文のパターンが頭の中に入っているからである。つまり、頭の中にある文の単語を置き換えながら、同じ「構造」の文として理解しているのである。

たとえば、ある一日の自分の発話をすべて録音したとする。しゃべっている最中は常に新しい文を作っているように感じるかもしれないが、後で聞き返してみると、使っている文のパターンはそれほど多くないことに気づくだろう。

私はこのことを、自分の京大での授業を録画することによって知ったのだ。後で録画を見直して、話した内容を客観的にチェックする。そこで語られている文章は、休憩中の雑談も含めて、驚くほどワンパターンの表現が多いことに気づいたのだ。すなわち、頭の中で一部の語

を入れ替えながら、「新しい文章」を作っているのである。

　言葉を話す行為は非常にクリエイティブな活動のように思えるが、実際には限られたパターンを際限なく繰り返しているだけ、とも言えるのである。**話す内容は毎回異なっても、文章の構造はほぼ同じということである。頭の中に蓄積されている複数の文章をつなぎ合わせながら、新しい話を組み立てているのだ。**

■ スピーキングでも英文「ストック」

　「あるパターンの繰り返し」であることを知ったうえで、では、どのように「パターン」を蓄積したらよいのだろうか。

　つまり、どのようにすれば効率的に英文を作ることができるか。これは前章の「英作文」のコツで述べたことと同じである。

　すなわち、**具体的な文章を丸ごと覚えておき、それを「再生」するほうが、単語や文法をそれぞれ覚えておくよりもはるかに効果的である。**

　もちろん、頭の中にある文とまったく同じ文を使う場面はない。しかし、一部の単語を入れ替え、表現を追加しながら文を「再生」するほうが、ずっと実践的なのである。単語を当てはめて文を新たに組み立てるよりも、ストックしてある英文を変えてゆくほうがずっと速く、しかも自信を持って英文を作ることができる。

　したがって、英語を話す際にも書くときと同様に、短文を覚え頭の中にたくさんストックすることをまず勧め

第8章　スピーキングの上達が自信を生む　139

たい。

■「自分について語る英文」から覚えよう

　とはいえ、具体的に短文を覚える際に、例文を片っ端から覚えていくのはなかなか大変である。本に載っている例文の内容が実用性に乏しいことも多く、また例文同士のつながりもない。したがって、覚えるならそのまま使える実用性の高い英文を選びたい。**最初にお勧めするのが「自分について語る英文を覚える」作業である。**

　ネイティブスピーカーと会話をするとき、話題になりそうな身近なトピックを題材にした英文を事前に用意しておく。たとえば、自分の趣味や経歴、特技、関心のある分野のテーマで、あらかじめ英文を作成してみる。

　たとえば、**有子山博美、クリス・フォスケット著『英語手帳』（IBC パブリッシング）**を活用してみよう。この本が類書と異なるのは、スピーキング力の向上も目指している点である。

　ちなみに、自らも『英語手帳　My English Organizer』を著したことがある経営コンサルタントの神田昌典氏が、「自分の人生をすべて語る」趣旨のインタビューを受けたことがあった。彼がこれまでの人生を語ったところ、ほんの3時間半で語り尽くしてしまい、たいへんショックを受けたという。

　3時間半で語り尽くせるものならば、それを英語化して覚えてしまうことも可能だと彼は逆に考えた。そもそも初対面の外国人といきなり政治について議論することはない。**家族、趣味、夢といった自分にまつわる身近な**

140　第Ⅲ部　合理的なアウトプット術と英語の活用

トピックが話題の中心になるだろう。そうであれば、言いたいことを事前に準備して覚えておけばよいのである。それを英文ストックとして活用する。

　英語の教材で表現術をいくら身につけても、自分の言いたいことが白紙なら何も語ることはできない。問題は話す技術なのではなく、自分の意見を持っているかどうかなのだ。これは本書でオリジナルを常に目指す科学者が「逆張り」の英語習得術を提唱する本質とも関わっている。英語の勉強を始める前に、まず自分が何者かを確立する必要がある。これは京都大学で24年間学生たちに語ってきたことでもある。

　近年、英語で手帳や日記をつけようという習慣が流行っているが、いきなりすべてを英語で書くのは敷居が高い。自分にまつわる身近なトピックや自分の言いたいことを、1行ずつスマホ上のメモに書き留めるだけで十分である。この方法をスピーキング力の向上のために活用してみていただきたい。

■ 十八番の文例集を作る

　自分について語れるようになったら、今度は自分の関心に合わせて英文ストックを増やしていこう。最初は自分が関心のある分野、また仕事に関連する分野の記事を覚えていく。たとえば、英語のニュースサイトや雑誌の中から、「経済」「教育」「映画」などに絞って選んでゆくのである。

　英文を読む訓練として既に扱った文章から選ぶのも良いだろう。こうした中から内容が気に入ったもの、自分

第8章　スピーキングの上達が自信を生む　141

のセリフとして取り込みやすいものを覚える。もし記事全体を覚えるのが大変なら、記事の一部や、特に使えそうなワンフレーズだけを抜き出して暗記するのもよい。

自分が気に入った記事からは、自分だけの十八番の文例集を作る。パソコンやスマホに入力してデータ化し、少しずつ蓄積していこう。**十八番文例集は、音読筆写によって頭に入れたあとも、折を見て眺め返す。**さらに、スキマ時間を見つけて音読するようにして、できる限り時間をかけて触れ続けるようにしていただきたい。

こうした文例集は自分が英語を話すときの大きな財産になる。もともとネイティブが書いた文章を基にすれば、堂々とスピーチやディスカッションを行なえる。頭に入っている英文の単語を入れ替えたり、前半と後半を別々の文からつなぎ合わせたりすれば、英語が楽にどんどんと口をついて出てくる。

ちなみに、第5章（本書83ページ）で紹介したカリスマ教師の伊藤和夫先生は、自分の文例集として700の英文を集めて持っていた。**『基本英文 700 選』（駿台文庫、共編鈴木長十）** が集大成だが、現在では音声 CD-ROM 付きの **『新・基本英文 700 選』（駿台文庫、同上）** が入手できる。

実際の伊藤先生の授業では、

「525 番っ！

I shall buy this house on condition that you sell it to me a little cheaper.」

142　第Ⅲ部　合理的なアウトプット術と英語の活用

などと、伊藤先生の口から番号とともに英文がスラスラと出てきた。そのあとで文法に関する詳細な、かつ見事な説明があったことを、私は今でも鮮やかに覚えている。

当時の私の周りには、『基本英文700選』を暗記することで難関大の英語入試を突破した友人が何人もいた。

こうしたいわば自家薬籠中の文例集を少しずつ増やしてゆく方法は、今でも全く変わらない英語上達の早道なのである。ぜひ自分だけの文例集を充実させていただきたい。

■ シャドーイングの効用

ネイティブスピーカーと話をしているときに、簡単な相槌が打てずにもどかしい思いをした経験はないだろうか。「へー、すごいね」「なるほど」「そうかな？」といった短いひと言を自然に言えるようになると、会話がグンと弾むものである。

こうした合いの手こそ、そのままの形で繰り返し使える、まさに会話の万能選手なのである。私たちが日本語を話すときにも、相手の話に相槌を打つ際には口癖のように繰り返しているフレーズがある。

日本語でも友人と話をしているときに、お互いがどのような相槌を打っているかを観察してみるとおもしろい。人それぞれ、お決まりの相槌のようなものがあるはずだ。英語でもまったく同じである。英会話に特化した参考書の中から気に入った「合いの手」を十数種類ほど選び出して覚えておくとよい。

第8章　スピーキングの上達が自信を生む　143

たとえば、沼越康則著『ネイティブ500人に聞いた！日本人が知らない、はずむ英会話術』（アスキー・メディアワークス）は、英会話を弾ませることを目的にした本である。著者の沼越氏がアメリカで500人以上のネイティブスピーカーに街頭取材し、使っていることを確認した表現のみを掲載している。その証拠に、文例には街頭で協力してくれた人の名前が記載されている。合いの手が上手に使えると、英会話そのものが楽しくなってくる。

　次に英語を話す技術の磨き方を紹介しよう。第6章（本書113ページ）のリスニング練習として述べたシャドーイングの方法は、スピーキング練習としても有効なのだ。シャドーイングでは、英文を見ずに流れてくる音声を聞き取り、すかさず自らの声で再生する。聞き取る力を鍛えると同時に、自然な速度でなめらかに発音する力も養える優れた練習法である。

　スマートフォンを使えば、シャドーイングしている最中の自分の声を手軽に録音することもできるだろう。定期的に録音して、オリジナル音声と聞き比べ、リズムが正しく再現できているかどうかを確認しよう。

　シャドーイングの教材としては、宮野智靖著『新ゼロからスタートシャドーイング入門編』（Jリサーチ出版）、谷口恵子著『3ヶ月で英語耳を作るシャドーイング 改訂版』（プチ・レトル）を勧めたい。さまざまな人物になりきってシャドーイングを続けていると、自分の言葉として英語が話せるようになってくる。とにかく英語を話す「楽しさ」を感じながら進めてほしい。

■発音の上達はモチベーションアップの近道!

さてここからは、発音についての勉強法を述べよう。発音練習といっても、ネイティブスピーカー並みの発音ができるようになろう、というのではない。ここで発音練習を強調するのは、それが英語学習を継続するうえで大きな「武器」となるからである。

英語に限らず、何かを習得する際に成否を分ける最大のポイントは、学習や練習を「継続できるかどうか」である。英語学習の柱には、「英文を声に出して読む」作業が必ずある。

よって、自分の発音にがっかりすることなく、自信を持って「声に出して読む」ことが大切なのである。楽しくかつ気分よく音読ができるようになれば、**毎日の学習が順調に進むようにもなる。**

英語の学習指南書では、しばしば「発音は気にしすぎるな」と書かれている。「まずは話す内容が大事だ」「発音よりも中味を考えるように」などと繰り返し説かれている。

確かに、間違いではないのであるが、コミュニケーションのための英語という観点からいうと、発音が良いほうが、はるかに良く伝わる。聞く側からすれば、きれいな発音がいいに決まっているからだ。

「ノーベル賞受賞者のスピーチは、英語がたどたどしくてもみんな熱心に聞くじゃないか」と言う人もいる。こうなると詭弁である。逆に言えば、あなたがノーベル賞を獲ったら、英語の勉強はしなくてよいことにもな

る。

　言い換えれば、もしノーベル賞がもらえそうにないのであれば、英語はきちんと学習したほうが身のためである。「私の発音はひどいが、内容は立派なのだから文句を言わずに聞け」というのは、国際社会では通用しない。

　ちなみに、京都大学の同僚教授にはノーベル賞を本気で獲ろうとしている学者がゴロゴロいた。彼らの研究内容は世界中の人が知りたいので、どんなにひどい英語でも真剣に聴いてくれるかもしれない。

　一方、幸か不幸か地球科学にはノーベル賞はないので、私は今でも一生懸命に英語を勉強している。国際学会に出たら、せめて聴きやすい発音で発表を行なうのが本務だと信じている。わざわざ時間を割いて集まってくれた聴衆に満足してもらえるように心がけている。これは発表者としての礼儀でもある。

　発音の習得が非常に困難なものだったら、「発音が悪くても仕方がない」という割り切りも必要だろう。しかし、それはリスニング教材がなく、また外国人に会うこともできなかった江戸時代の話である。

　反対に、現代ではやる気さえあれば、いくらでも発音の勉強をすることは可能である。実際、学生たちを見ても分かるように、きれいに発音する日本人は明らかに増えてきた。

　英語の発音は、決してむずかしいものではない。少しの訓練で、きちんと明確に発音できるようになるのである。よって、英語学習のやり直しの最初に、しっかりと

練習していただきたい。なお、こうした情報伝達のポイントについては、**拙著『京大理系教授の伝える技術』**（**PHP 新書**、147 ページ）を参考にしていただきたい。

■ 音読は「カッコよく」

　発音練習は英語学習の要（かなめ）であると述べたが、楽しみつつ継続させるためにはそれなりの工夫が必要である。発音練習といえば、音読が手っ取り早い。

　取り組む際には、音読のなめらかさを常に意識しよう。自分でうまくスラスラと発音できるようになると、英語を口に出すこと自体が楽しくなるのである。訓練しているという感覚から、次第に趣味に没頭している感覚に近づいてくる。

　今ここでカッコよく英語を話している自分をイメージしてみていただきたい。想像するだけでも、うれしくなってこないだろうか。**正しい方法で練習をすれば、驚くほど短期間で「カッコよく」話せるようになる。こうして、基礎訓練に必要な音読を「いくらでも続けられる」状態をぜひ作り出していただきたい。**

　音読学習には 4 つのステップがある。すなわち、

1．発音を矯正する
2．音読が楽しくなる
3．音読の習慣がつく
4．英語が身につく

という 4 段階を意識して鍛えよう。

いまピアノの練習をイメージしてみよう。課題曲が与えられたあと、何十時間も一生懸命に練習して、ようやく完璧に弾けたとする。では、最後の完璧な演奏で、練習を終えてしまうだろうか？

最後の完璧な1回を録音しておいて、次に頼まれた時にその録音を再生する、などということはしないだろう。一度や二度くらい完璧に弾けたところで、練習が終わるわけではない。

むしろ、完璧に弾けたという時点がスタートなのである。いつリクエストされても同じように弾けるまで、数限りなく練習を続ける必要があるのである。

このような徹底した反復練習は、料理やスポーツなど、他の世界にも当てはまる。練習は何度繰り返しても良いものである。

音読の反復練習は、うまくいけば自分なりのリズムが生まれる。先述の2.のステップである。そして、いつまでも続けていたくなるような楽しみが誕生するのである。実は、音読は、文法や読解、英作文などより、はるかに効果の実感しやすい訓練法なのである。

この「楽しさ」は、一度知ったらもう戻ることができない。先述の3.のステップである。楽しめば楽しむほど英語が上達するのであるから、ぜひハマって鍛え抜いていただきたい。

■ 声はどのように出ているか

さて、1.のステップに戻り、発音の矯正法について述べよう。実は、発音は独学で十分に上達できる。正し

い方法論さえ身につければ、短期間で見違えるほどうまく発音できるようになる。

知人にウットリするほど見事な英語を話す日本人がいる。その方に「どうやってネイティブ並みの発音を手に入れたのですか」と尋ねたことがある。すると「ネイティブの発音を聞いて、そのとおりにしゃべるだけですよ」と答えが返ってきた。正直、「え？ それだけ？」と拍子抜けしたのであるが、その人は音感が鋭く、音の再生に優れた能力を持っているのだろう。しかし、こうした能力に欠けていても、誰でも英語の発音はきちんと上達できるから安心していただきたい。

京大に、帰国子女で、明らかにきれいな発音で英語を話す学生がいた。彼らがなぜ発音がよいのか、何とかして彼らのようになれないか、それを「音声学」が解き明かしてくれたのである。すなわち、自分の発音を「科学的手法」で分析しながら、徐々に改善していく方法があることに気づいた。

音声学の知識と論理を、発音学習にきちんと応用する。その最初に、科学的アプローチによって発音をマスターすることが大切である。これは「ひたすらネイティブの発音を聞いてまねる」という根性論ではない。音声の理屈を理解して練習をすると、ビックリするほど短期間で効果が上がるのだ。

「音声学を応用する」といっても、学問としての音声学を本格的に学ぶ必要はない。口から音が出る仕組みを把握するため、音声に関する基本的な知識を活用する。

まず、日本語の発声を例に挙げて具体的に考えてみよ

第8章　スピーキングの上達が自信を生む　149

う。

　日本語を話しているとき、さまざまな音がどのように発音されているか、分かるだろうか。たとえば、「口を閉じて、声帯を震わせ、鼻から息を出す」とどんな音が出るだろう。ここで「声帯」とは喉にある器官である。「アー」と声を出しながら喉を触ってみると、細かく振動しているのが実感できる。

　声帯を震わせずに鼻から息を出すと、鼻呼吸をしている状態（無音）になる。それと反対に、声帯を震わせると、口を閉じて「ムー」と言っている状態になる。

　そのまま息を出している状態で鼻をつまむと、この音は消える。この「ムー」状態で、口を開けながら「ア」と言うと、「マ」が発声される。

　どの言語を話す人も、私たちと同じ形状の口と同じ可動域の舌を使って発音している。よって、音がどのように喉から出るかを自覚することは、外国語の音声を学習する上で欠かせない。音声を分析的に理解し練習を積めば、必ず同じ音が出せるのである。

　ネイティブの話し声は、英語らしく聞こえる。やはり英語らしい音、英語に特徴的な音というのは存在する。こうした英語らしい音を出せれば、全体の印象がガラッと変わってくる。

■英語の「口」と「舌」を手に入れるには

　私たちの舌は日本語だけを発音して何十年も暮らしてきた。その結果、舌は日本語に必要な音を生成するときの「構え」を覚えてしまっているのである。

150　第Ⅲ部　合理的なアウトプット術と英語の活用

つまり、子どものころより、日本語のみに適応した舌が完成している。逆に言うと、日本語には存在しない音を発音しようとしても、そのポジションにピタッと舌が止まってくれないのである。

　だから、英語を流暢に話そうとしても、舌は日本語の音を生成する位置に勝手に移動してしまう。言うなれば、舌が日本語用に「形状記憶」してしまっているので、英語の発音はなかなか上手にならないのである。

　英語発音の際の口の形と舌の動かし方は、後述する発音指導本などを利用すれば、ものの5分で学習することができる。ところが、その発音を口と舌に覚えこませるには、意識的な訓練が必要である。**発音の仕方を5分で習得したら、あとは1カ月程度の訓練で舌に形状記憶させる必要がある。**

　現実問題として、英語を話し続ける環境に1カ月間も身を置ける人はあまりいないだろう。しかし、先述した声帯などの発声の仕組みを意識して、英語らしい音はどのようにすれば出せるのか考えながら、発音してみよう。しばらくは試行錯誤が続くかもしれないが、「こういうことか！」という瞬間が訪れるはずである。

▌発音指導本の使い方

　書店の英語本コーナーでは、発音練習本がたくさん売られている。市販の発音練習本には、「英語の発音の仕方」が細かく解説されている。練習法も提示されているが、残念ながら「日本語の発音の仕方」には触れられていない。本当は、日本語と比較しながら練習してみるこ

第8章　スピーキングの上達が自信を生む　151

とが非常に大切なのである。そこで普段から、自分が日本語の音をどのように発しているかについて意識してみよう。

　ここでは独学で発音練習をするポイントについて述べよう。

　刊行されている発音練習本では、それぞれ工夫を凝らして口と舌の動きを解説している。書店には優れた教本がたくさんあるので、自分の気に入ったものを1冊購入していただきたい。

　本を選ぶ際にはコツがある。まず「まえがき」と「あとがき」に目を通して、執筆の目的や意気込みがしっかりしている本を選択する。次に、「目次」を見て、すぐに内容をイメージできるかどうかチェックする。さらに、本文に目を通し、「小見出し」をパラパラと見てゆく。

　ここで中味の流れがすぐにわかる本は、良書である。反対に、流れが中断されてギクシャクしているものは、選ばない方がよいだろう。構成が悪い本だからである。

　さらに、奥付やカバーを見て、著者の経歴（プロフィール）を読む。どのような業績や実績がある書き手なのか、さらに入門者向けの「新書」などを書いている著者かどうかについてチェックする。

　つまり、学歴や職歴とともに、著者のアウトリーチ（啓発・教育活動）の能力がどれくらいあるか、を判断する。有名大学の教授にも、初心者に親切な書き手と、そうでない人がいる。

　最後に、末尾に「索引」が付けられた本は、アウトリ

ーチのしっかりとした良い本とみなしてよいだろう。こうした複数のチェックポイントをもとに、書店にたくさんある類書から、ベストの1冊を選んでゆくのである。なお、こうした書籍の選び方については拙著『理科系の読書術』（中公新書、125ページ）と『知的生産な生き方』（東洋経済新報社、32ページ）を参考にしていただきたい。本を買うべきかどうかのポイントを指南している。

　さて、発音練習本はあまり専門的すぎず、基本の解説を丁寧にしているものが良い。いきなりネイティブ並みの発音を目指しているのではないからである。

　まず「初級者用」「入門編」などと銘打たれたCD（または DVD）が付いている本から入るのが良いだろう。たとえば岩村圭南著『英語の正しい発音の仕方（基礎編）』（研究社）、靜哲人著『発音の教科書』（テイエス企画）、巽一朗著『英語の発音がよくなる本』（中経出版）を勧めたい。

　さらに練習時の注意点について述べておこう。教本には「ここで10回練習せよ」などと書いてある。しかし、10回も練習しなくても、2〜3回やってみたら次へ進んでよい。目安としては3割くらいマスターしたら十分である。

　最初から完璧さを求めると練習がつらくなる。つらくなって止めてしまったら、元も子もない。重要なことなので繰り返すが、まずはやる気が継続することを優先したい。

　発音練習では、継続がもっとも重要なポイントである。どんな学習においても同じことが言えるが、実は継

第8章　スピーキングの上達が自信を生む　153

続こそもっともむずかしいところなのである。

　特に、**発音練習では「慣れ」が大切なので、「毎日練習する」ことを絶対的なルールにしよう。**毎日であれば、たった5分でもよいのである。バスの待ち時間、会議と会議の合間など、スキマ時間を活用する。**拙著『理系的アタマの使い方』**（PHP文庫、261ページ）で「隙間法」と名づけたが、1日に5分の時間はいくらでも捻り出せるものである。

　極端な話になるが、本当に時間がない場合には教材に触ってページを開くだけでも構わない。就寝する前に教材に手を触れることで、翌日の学習に対する意識を継続させることができる。よって枕元に必ず発音練習本を置いて寝るようにしよう。

■ 自分の発音を録音する

　シャドーイングの項でも述べたことだが、**発音練習の際にも、かならず自分の発音を録音して、あとで聞いていただきたい。**ICレコーダーやスマートフォンなど身近な機器で構わない。自分の英語を聞くのは、ちょっと恥ずかしいものである。しかし、**自分の音声とCDの音声を比較すると、どのように修正すればよいかがよく分かるのだ。**そして、練習開始直後と数週間後の音声を比べてみると良い。自分の成長が実感できてモチベーションが上がる。

　買った学習書は最後までやり通すことが肝心である。多少荒っぽく途中を飛ばしても構わないから、おしまいまでやってみよう。日本人には完璧主義の人が多いの

で、ていねいにやりすぎて途中で挫折することが多々ある。別の本を選んでも、また最初から始めて同じく挫折という繰り返しに陥る。

　そもそも最初から完全にこなそうとする点がまちがっている。まったく新しいことを学習しようとしているのだから、不完全な個所があって当然である。**たとえ完璧でなくても、最後までやり通したほうがいい。拙著『100年無敵の勉強法』**（ちくまQブックス、45ページ）では「不完全法」と名づけたが、現代人には不完全である勇気が一番大切なのである。

　最後まで到達したら、全体像をつかむことができる。それに、達成感も感じられる。こうしてから前半まで戻って読みなおすと、今度はよく理解できる。全体が見えた後だから、個別の事象の意味が見えてくるのだ。こうすると、むずかしかった個所の練習がスムーズに行なえたりする。

　語学のような終わりのない勉強では、とくに「不完全法」というテクニックを使っていただきたい。実は「不完全法」は音声学習に限らず、いかなる勉強のステージでも必要なテクニックなのである。

■音声学習を勉強の柱に

　先述したように、私は中学からの英語学習のスタート時に、音声中心の環境から入った。これはとても幸運だったと今では思っている。英語力は読む・書く・聞く・話すの4項目で構成されるが、そのすべてを伸ばすのに音声学習を欠かすことはできないからだ。まず音声から

第8章　スピーキングの上達が自信を生む　155

触れ、英語への親しみや興味、楽しさを感じられた点がよかった。

さらに、大学時代は ESS サークルの友人に誘われて在日外交官の家を訪問し、会話力を磨いたこともある。ネイティブスピーカーとの会話に、日頃の自分の英語学習の成果を試すつもりで挑んだのである。スピーキング力が鍛えられたことは言うまでもない。

このように私が英語を「話す」環境があったことは非常に幸運だったが、現在では優れた音声教材がいくらでもあり、ネットを用いた学習機会の進展には目をみはるものがある。英語学習の柱に、音声面の訓練を持ち込むことは、昔も今も変わらぬ大事な方法論ではないかと私は今でも確信している。

第7章（本書136ページ）で紹介したスマホアプリ「HelloTalk」のように、今はネイティブと気軽に双方向でつながることができる便利な時代である。

また、日本発のアニメのファンやゲーム実況など、日本のコンテンツについて英語で発信している YouTuber や VTuber もたくさんいる。**さなざななツールをぜひ活用して、「音声」として英語に触れる機会を増やしていただきたい。**

第9章 英語の名文で教養を身につける

■英語の名文は二度おいしい

　英語を勉強する大きなメリットの1つに、英語の名文で教養を身につけることができる点がある。たとえば、高校の英語教材でもおなじみのウィンストン・チャーチルやバートランド・ラッセル、また歴史家のエドワード・ギボンといった名文家の文章を読むことで、**英語力だけでなく哲学や歴史について同時に学ぶことができる**のだ。

　さらに英文学の古典でもあるジョージ・ギッシングの中編はアングロサクソンのコミュニケーションと教養の本質について教えてくれる。現代ではサリンジャーの自由闊達な英文が世界を広げてくれるのだ。

　本章では英語学習にまつわる「教養」という面について解説しておこう。英語を学ぶ際には、英語が成立した背景を知っておくとたいへん効果的である。たとえば、ヨーロッパ言語の特質や、英米人の国民性などは、英語のさまざまな表現に影響を与えてきた。ここには大事な意味がある。

　実は、**英語が本当に使いこなせるようになるには「暗黙知」の知識が必要**だからである。私は京大の講義でこうした内容について多くの時間を割いてきた。コミュニケーションを円滑に行なうには、相手の文化的背景や思想、地域の歴史などを把握しておくことがとても重要で

第9章　英語の名文で教養を身につける　**157**

あるからだ。

　私の知る英語の達人は、例外なく教養にあふれ一緒に話をしていると楽しくなる人である。こうした意味でも**教養は、コミュニケーションそのものをレベルアップすることにつながる。** かつて**拙著『一生モノの人脈術』**（**東洋経済新報社、23 ページ**）で解説したが、教養は人脈術の強い武器である。そして、教養のある英語の達人は人脈術の達人になる早道でもある。

　教養といっても堅苦しく考える必要はない。言うなれば話のネタをたくさん持っており、どんな人とも楽しく話ができるというようなことである。そして**「教養」には「勉強」だけでなく「遊び」の要素もある。**

　「遊び」は「学び」につながるので、遊ぶように楽しく英語を学ぶことは非常に大切である。遊んでいくうちに、英語が自分の中で自然なものとなっていくのが最高の勉強法でもある。 こうした観点から英語学習の中に遊びの要素を取り入れ、「教養人」になることを目標にして楽しく英語を学習していただきたい。

　以下では、私がこれまで英語で教養を身につける際に役立った 5 人の文章家と、科学の名著 1 作品の実例を紹介してみよう。

■ バートランド・ラッセル『幸福論』

　最初に取り上げるのは、20 世紀の生んだ最高の知性とされる**バートランド・ラッセル（1872 ～ 1970）** である。思想史に残る数学者兼哲学者が、1930 年に幸福に生きるためのユニークな方策を開示した。核兵器廃絶を

目指す平和運動家としても世界に知られたラッセルは、「周到な努力さえすれば誰でも幸せになれる」と熱く語る。日本では書名を『幸福論』と訳してきたが、英語の原題は『幸福の征服』である（初版 1930 年）。

この本では、幸福は境遇や運命に左右されるものではなく、自ら行動しながら獲得していくものと宣言する。第一部「不幸の原因」に書かれている競争、疲れ、ねたみ、被害妄想、世評に対するおびえなど人を不幸にする原因は、現在でも何ひとつ変わらない。

緒言に「私自身の経験と観察によって確かめられたものであり、それに従って行動したときにはつねに私自身の幸福をいやましたものである」（『ラッセル幸福論』安藤貞雄訳、岩波文庫、5 ページ）とあるように、具体的で役に立つ行動を指南する。

そして偉大な事業はつねに「実りある単調さ」の中から達成されると説く。コロナ禍を経て未来が不透明な時代に暮らす日本人の立ち位置を確認するに最適の本である。自然災害も起こりうる「想定外」の世界を生きのびる際に必要な考え方が満載の教養本としても読める。

本書は 19 世紀から変わっていない英国知識人の賢い生き方を教えてくれる。資本主義社会は人々の欲望を刺激し、絶えず興奮状態へ導こうとする。その結果、多くのビジネスパーソンはスケジュール手帳が真っ黒になるほど予定を入れないと不安になっていないだろうか。しかし、退屈を恐れて浅薄な興奮ばかりを追いかけていては、人生が確実に貧しくなるとラッセルは説く。

「偉大な本は、おしなべて退屈な部分を含んでいる」

（前掲書、68 ページ）。そして古典を生み出したソクラテスやカントやダーウィンの共通点として、「静かな生活が偉大な人びとの特徴であり（中略）偉大な事業は、粘り強い仕事なしに達成されるものではない」（前掲書、70 ページ）という本質を指摘する。

　そして本来、退屈に耐える力は子ども時代に獲得しておくべきものである。著者はこれを「実りある単調さ」（fruitful monotony）という美しい言葉で表現する。

　「真剣な建設的な目的を持っている青少年は、その途上で必要だとわかれば、進んで多量の退屈に耐えるだろう。（中略）退屈に耐えられない世代は、小人物の世代となる」（前掲書、71 ページ）。

　まったくそのとおりであると私も深く納得する。

　実は、退屈に耐える力が必要なのは、子どもたちだけではない。年齢を重ねるほど時の流れは速く感じられるものだから、なおさら「退屈力」が人生の質を決めていく。

　私がラッセル『幸福論』に出会ったのは中学 3 年の秋である。母校の筑波大学附属駒場中学の授業中、隣の生徒が熱心に読んでいたのが本書だった。休み時間に尋ねてみると、この「退屈力」の話をしてくれた。

　高校生になると、今度は著者の名前が英文読解のテキストに頻出した。彼の文章は明快でウイットに富んでいる。私は彼のおかげで英語が好きになり、後に火山学者になってから米国へ留学した折には、古書店に立ち寄り原書を買い集めたほどだ。英語学習者が読むべき英文として、この著者のエッセイに勝るものはない。

ラッセルはゆっくりと流れる時間軸で世界をとらえる仕方を私に教えてくれた。幸福に生きようとすれば、分刻みの仕事に追いまくられている生活を根本的に考え直さなければならない。

　本書には覚えておきたい素敵な一文がある。

　　「私たちの生は〈大地〉の生の一部であって、動植物と同じように、そこから栄養を引き出している。〈大地〉の生のリズムはゆったりとしている」（前掲書、72ページ）

　これが英語でどのような名文として表現されているか、ぜひ原著で確認していただきたい。世界最高の知性を明快な英語で学ぶことができるのは、バートランド・ラッセルをおいて他にはそういないのである。

■ 「私心のない興味」を涵養

　ラッセルの話を続けよう。世界が動揺する中で最も幸せに暮らしているのは科学者である、と著者は意表を突く論を展開する。科学者は「おのれの能力を最大限に使う活動に従事している。そして、彼自身にとってだけでなく、一般大衆にとっても——たといさっぱり理解できないときでさえ——重要と思われる成果をあげる。この点で科学者は、芸術家よりも幸福である」（前掲書、160〜161ページ）と喝破する。

　一見、世の中の役には立たないが面白そうなことに没頭している科学者のような人種が、実は最も幸福に近

い、と。換言すれば、「私心のない興味」（前掲書、242ページ）を持っているかどうかが重要なのだ。

ラッセルはその反対に、自意識過剰な人は不幸であると説く。「地質学者が岩石に対し、考古学者が廃墟に対していだく興味」（前掲書、171ページ）こそが、余計な自意識を解放してくれる。

外界の素晴らしい世界に目を向ければ誰にも幸せはやってくる。さらに他人との比較をやめた時点からもっと幸福が訪れると説く。外界に対して私心のない興味を持つ効用を、ユーモアあふれる筆致で語る『幸福論』は、私の進路を決めるうえで大きな影響を与えてくれた。**中学高校の教室で偶然出会った英語教材が人生を変えたのである。**

本書の読者の皆さんにも、ぜひ英語原文で名文を味わっていただきたい。

■ ウィンストン・チャーチル『第二次大戦回顧録』

次にウィンストン・チャーチルの英語を取り上げたい。ノーベル文学賞を受賞した政治家が世界で1人だけいる。第二次世界大戦中に英国首相となり、連合国側を勝利に導いた**ウィンストン・チャーチル（1874〜1965）**だ。

彼が戦時内閣の首相になってから、英国内はドイツ空軍の猛烈な爆撃にさらされた。ロンドン市内も連日のように空爆を受けたが、チャーチルはラジオを通じて演説を頻繁に行なう。断固戦って勝利することを、英国民に力強く説いたのである。

その実体験を、戦後になってから詳細に書き綴ったのが**『第二次大戦回顧録』（抄、毎日新聞社編訳、中公文庫）**である。原著は 1948 年に第 1 巻が刊行され、全 6 巻の総計 5000 ページを超える浩瀚な著作だ。

　回顧録は第一次世界大戦が終わった時点から始まる。英仏などの戦勝国は、ベルサイユ条約によって敗戦国に莫大な賠償金を課した。この結果、ドイツはハイパー・インフレに見舞われて、中産階級が完全に崩壊。人心の荒廃に付け入ったヒトラー率いるナチスが再軍備を敢行し、チェコスロバキアの併合を画策した。だが、宥和政策をとる英国首相のチェンバレンは、ドイツへの軍事行動を一切とろうとしない。

　本書は「勝者の愚行」という章から始まり、第一次世界大戦後の善良な指導者たちが、いかに誤った行動を取ったかを詳細に検証する。著者チャーチルは**ヒトラー（1889 〜 1945）**の危険性を早くから察知し、**チェンバレン（1869 〜 1940）**の宥和政策を批判し続けたのである。

　ところが、当時の英国民はチェンバレンの外交を支持し、対独戦の準備を唱えたチャーチルは孤立した。1939年、ポーランドに侵攻したドイツに対して英仏はついに宣戦布告し、第二次世界大戦が始まった。ナチスの本質を摑んでいた著者が正しかったのである。

　彼の格調高い見事な演説に英国民は勇気づけられ、長く苦しい生活を耐え抜いた。大戦の勃発前から終戦までの詳細な記述には、戦争の推移だけでなく彼と関わった人々の姿が活き活きと描かれる。

　本書は世界的なベストセラーとなり、後にノーベル文

第 9 章　英語の名文で教養を身につける　163

学賞が贈られた。第二次世界大戦から英国を救った著者は、文人としても最高の栄誉を得たのである。

チャーチルの英文には、有名なエピソードがある。実は、彼は説得力のある英語を若い頃に磨いたのである。学生時代の彼はとても物覚えの悪い生徒で、ラテン語やギリシャ語がまったくできなかったのだ。

業を煮やした教師は、**彼の同級生が古典語を学ぶ時間に、英文法をみっちりと勉強させた。このおかげでチャーチルは英語の効果的な表現術をマスターした。**

後にインド駐留の軍務に就いていた折、彼は18世紀英国の歴史家**エドワード・ギボン**の大作『**ローマ帝国衰亡史**』（後述）を繰り返し読み、自分の文体を確立していった。こうして培われた雄弁で説得力のある文章が、後年、世界を救ったのである。

もう1つ、彼が回顧録を書いたきっかけが劇的なのだ。1945年7月に行なわれた英国議会の総選挙で、保守党を率いる首相チャーチルは、何と野党の労働党に負けてしまったのである。翌日、彼は首相を辞任し、労働党首アトリーに後を託す。この日は連合国が日本に対して、無条件降伏を要求する最後通牒を突きつけた日でもあった。

そして野に下ったチャーチルは、大戦の回顧録の執筆に取りかかる。米国の**フランクリン・ルーズベルト大統領（1882～1945）**との親書などを含むため、歴史的価値がきわめて高い。こうした一連の著作を顕彰し1953年にノーベル文学賞が贈られたのである。

164　第Ⅲ部　合理的なアウトプット術と英語の活用

■ 「カントリー・ジェントルマン」の生き方

イギリスには「カントリー・ジェントルマン」（country gentlemen）という言葉がある。英国紳士はいざというときに国家へ貢献する。すなわち、事が起こって求められれば、彼らは私利私欲を離れて献身的に働くのだ。しかし役目が終われば、直ちに田舎に退いて、再び晴耕雨読の静かな日々に戻る。

下野後のチャーチルがまさにカントリー・ジェントルマンとなり『第二次大戦回顧録』を執筆した。この本は和訳で読んでも原文で読んでもどちらも面白く、英文読解のテキストとしても最適である。

私は高校生の頃、世界史を勉強している最中にチャーチルを知り、当時旺文社文庫で出ていた彼の自伝『**わが青春期**』を貪るように読んだ。その後、30歳代初めの米国留学中には、原著6巻を古本屋で購入し、アパートで読み耽った。

その第1巻の表紙の見返しページには、古書の最初の所有者による1949年の日付と、知人に宛てたメッセージが記されていた。本書に感動した米国人が友人に贈ったものだった。

このメッセージの書かれた40年後に米国オレゴン州で入手した私が、さらに30年後に再び繙いた。京都大学では学生たちに対して歴史の教訓や指導者の条件だけでなく、英語の面白さ、教養の重要性を伝える教材として、『第二次大戦回顧録』を毎年取り上げてきた。

ちなみに、原著全6巻の完訳が、キッシンジャーの名訳で知られる伏見威蕃氏によって2023年から毎年1巻

第9章　英語の名文で教養を身につける　165

ずつ刊行されている（**『完訳版　第二次世界大戦』みすず書房**）。英文と対訳で読み進めることも英語と世界史を同時に学ぶうえで効率的である。こうした雄弁な英語は時代を経て連綿と伝えられてゆくのである。

■ エドワード・ギボン『ローマ帝国衰亡史』

英語名文家の3人目はチャーチルが絶賛した歴史家の**エドワード・ギボン（1737〜1794）**である。彼の主著**『ローマ帝国衰亡史』**は西暦96年に始まる五賢帝統治による絶頂期から、東ローマ帝国が滅びるまでの1400年間にわたる長大な歴史を、格調高い英語で叙述した大著である（第1巻初版1776年、最終巻同1788年）。日本語訳は筑摩書房から出ており全10冊に及ぶ大著で**（中野好夫ら訳、ちくま学芸文庫）**、京大生たちに必読の歴史書として紹介してきた。

紀元1世紀、**トラヤヌス帝（53〜117）**の時代に、最大の繁栄期を迎えたローマ帝国。トラヤヌス帝の死後、外敵の侵略と内部の崩壊によって、坂道を転げ落ちるように衰亡し、1453年のコンスタンティノポリス陥落によってついに消滅した。

ギボンは繁栄を極めた巨大な帝国の衰亡にまつわる膨大な事件を縦横無尽に論じ、古代が終焉し近世が始まる歴史の流れを明晰に描いた。

単に帝国の歴史を叙述しただけではなく人物の描写や歴史観の提示に優れ、文学作品としての価値も有する。ギボンはローマ帝国の複雑多様な歴史の中からユニバーサルな現象を明らかにしようともくろみ、見事な成功を

収めたのである。

　そして帝国が滅亡した原因を、社会の腐敗、外敵の侵入、キリスト教の発展などにより見事に説明し、無味乾燥な史実記載から脱した。人間の気高い行動と愚かな姿を雄弁に描く叙述は文体の規範とされる。

　国家が滅亡したのは、ゲルマン民族やイスラムの侵攻だけではなく、内部の堕落と退廃からであった。戦乱期の国家経営よりも平和時の守りのほうが、はるかに難しい。敵は外ではなく身内にあることを、ローマ帝国の長大な歴史は教えてくれる。

■ 英文のお手本

　ちなみに、西欧では歴史への深い理解が教養の基盤とされる。本書は1776年の刊行当初にベストセラーとなり、後にロングセラーとなった。経済学者の**アダム・スミス**（1723〜90）、哲学者のバートランド・ラッセル、インド首相の**ジャワハルラール・ネルー**（1889〜1964）など、錚々たる知識人が格調高い英文の手本としてきたのである。

　先に述べたように、若かりし頃の英国首相ウィンストン・チャーチルは本書の虜になった。彼は赴任地のインドで食い入るように読破し、余白に感想を書き連ねていった。ここで雄弁な叙述法を学んだチャーチルは、後に『第二次大戦回顧録』でノーベル文学賞を受賞することになる。

　私が本書に出会ったのは30歳代の初め、このチャーチルの自伝からだ。彼がギボンから正統な英語を学んだ

第9章　英語の名文で教養を身につける　167

と知った後、私は自分もギボンで英語を勉強しようと考えた。

西洋古典学を専攻する友人の家で偶然、ハードカバーの原書を見た。古典はペーパーバックで飛ばし読みするものではない、と彼は言う。私は大きな活字で組まれた本を丸善洋書部から取り寄せ、ラッセルやチャーチルの感動を追認したのである。

実は、私は高校時代から歴史の勉強が苦手だった。人名や年代や地名を覚えなければならないのだが、暗記の苦手な私は覚えるそばから忘れていった。ところが本書に出会ってから、歴史という学問への見方が大きく変わった。

歴史は人物が作るストーリーである。活き活きと描かれた登場人物は、あたかも近くに立っているかのようだ。**私は英文を通じて初めて歴史書をむさぼるように読んだ。歴史への優れた道案内をしてくれたのが英語であった**ことも、英語勉強のエピソードとして伝えたいと思う。

■ ジョージ・ギッシング『ヘンリ・ライクロフトの私記』

名文家の4人目は小説家の**ジョージ・ギッシング**（1857～1903）である。英語の本は私の人生の喜怒哀楽と深く関わってきた。秋の夜長にもっとも相応（ふさわ）しいのは読書だが、英文学の古典『**ヘンリ・ライクロフトの私記**』（初版1902年）の秋の章を繙（ひもと）いてみよう。

　「われわれはときとして急に本が読みたくてたまら

168　第Ⅲ部　合理的なアウトプット術と英語の活用

なくなることがあるが、そんなときなぜだかその理由が分からないこともあるし、おそらくはなにかほんのちょっとした暗示の結果によることもある」（**平井正穂訳、岩波文庫**、155 ページ）

　主人公のヘンリ・ライクロフトは、秋空の夕映えを見て**ローレンス・スターン**の全 9 巻からなる小説『**トリストラム・シャンディ**』を読もうと家に駆け帰り、またある朝、ふっとゲーテとシラーの書簡集を思い出し書架へ探索に分け入る。

　本書は、19 世紀知識人の教養溢れる日常を描いた第一級の読書論である。作家のジョージ・ギッシングが人生の最晩年に、架空の人物を主人公としてわずか 7 週間で書き上げた、いわば理想の自叙伝でもある。

　英国の美しい田園風景のなかで四季を巡りながら、人生はいかに生きるべきかを問い、教養とは何か、また知的に生きるとはどういうことかを静かに語る。1902 年に出版されて以来、本国では絶えることなく読み継がれてきた作品である。また、日本でも大正期に英文学者の戸川秋骨と市河三喜によって紹介され、旧制高校生たちに愛読されてきた。

　私が本書に出会ったのは 30 歳代、火山研究の合間に貪るように古典を読んでいた頃だ。岩波文庫版だけでなく、研究社英米文学叢書『**The private papers of Henry Ryecroft**』（昭和 29 年刊）を手に入れ、原書でもポツポツと読み始めた。この叢書には日本の英語学の祖と言われる**市河三喜（1886～1970）**東京帝大英文科教授が詳細な

注釈を付けており、西欧文人の知的生活を知る上でもたいへん参考になった。

やがて主人公に倣って私も本を集めだし、自分のライブラリーを築いていった。ライクロフトはこう述べる。

「私のもっている数十冊の書物は、本来ならいわゆる生活の必需品を買うべきお金であがなわれたものなのだ。私は本の陳列台の前や本屋のショー・ウィンドーの前にたち、知的欲望と生理的欲求の板ばさみに幾度苦しんだことであろう」(『ヘンリ・ライクロフトの私記』平井正穂訳、岩波文庫、47 ページ)

ここで小説家ギッシングの描写は見事である。

「胃袋は食物を求めてうなっていようという食事時間に、ある一冊の本の姿に私の足はクギ付けにされたこともあったのだ。その本は長いこと探し求めていたもので、また実に手頃な値段がついていた。どんなことがあっても見のがしておくわけにはゆかなかった。しかし、それを買えばみすみす飢えに苦しむことは見えすいていた」(前掲書、47 ページ)

これは 19 世紀に限ったことではない。私は大学の講義で学生たちと白い紙を用いた双方向の通信を行なっているが、その中に、昼飯を買うか本を買うかで悩んでいる若者が少なからずいるのだ。

「その頃の私にとっては、金の意味は本を買うこと以外にはなかった。（中略）矢も楯もたまらぬほど欲しい本、肉体の糧よりももっと必要な本というものがあった。もちろん大英博物館にゆけば見ることができたが、それは自分のものとして、自分の書架上にその本をもつこととは全然別なことであった」（前掲書、48～49ページ）

私は常々、本は自ら所有し、傍線を引きつつ感想を書き込みながら読むべきだ、と学生たちに語ってきた。こうすることで、**書物は自分の血肉となり、昼飯を削った思い出とともに、世界で唯一のライブラリーが完成してゆくからだ。**

「たとえば、私は香をかいだだけで自分の本の一冊一冊がすぐ分かるのである。ただ鼻先をページの中につっ込んだだけで、私にはすべてのことがぴーんとくるのだ」（前掲書、46ページ）

■ 再び「ギボン」登場

ここで香りをかいだ本とは、英国の歴史家エドワード・ギボンの名著『ローマ帝国衰亡史』のことである。

「愛蔵しているギボン、つまり装釘のしっかりした八冊本のミルマン版ギボンなどは三十年以上も読みつづけてきたものだが、それを開けるとたちまちそのゆかしいページの香が、始めてこれを賞品として貰った

第9章　英語の名文で教養を身につける　171

ときのあの天にも昇る喜びをまざまざと私の心によみがえらせてくれるのである」（前掲書、46ページ）

後年、私は幸い、昼食と購書を天秤に掛けなくても済むようになったが、今度はまったく別の問題が発生してきた。読書とともに人生を送る者の常として、増え続ける蔵書の悩みには尽きぬものがある。結果として、長年集めてきた古典の一部を手放すことになるのだが、主人公は断腸の思いでこう記す。

「なん年かのち、買い値より安い値段でギボンの初版を売った。多くの二つ折り本や四つ折り本の立派な本と一緒に売り払ったのだ（中略）今日ならほかの版でこの書を手に入れることも容易だと思う。しかしそれは埃と汗の思い出にみちたあの昔の版と同日の談ではなかろう」（前掲書、51ページ）

その初版本を売ってしまったとは、フィクションとは知りながらも、思わず涙してしまう個所である。こうした切なくも苦しい体験を分かち合えるのも、本書の魅力の1つではないだろうか。

秋の夜長に本書を読み終えたとき、次に読みたい本が何十冊も頭の中をよぎる。その中に、つい先日、馴染みの古本屋に売り払ってしまった書目を発見し、忸怩たる思いをするのは私だけではなかった。こうした感慨をギッシングと共有するには、やはり英文を読みながらに若くものはない（なお本書は**池央耿訳**が、2013年に**光文社古**

172　第Ⅲ部　合理的なアウトプット術と英語の活用

典新訳文庫から刊行されている）。

■ サリンジャー『キャッチャー・イン・ザ・ライ』

　青春時代に必ず一度はハマる小説がある。1951 年、ニューヨーク生まれの**サリンジャー (1919 ～ 2010)** は本書『**The Catcher in the Rye**』の刊行で一躍脚光を浴びた。

　またたく間に若者の熱烈な支持を集める世界的ベストセラーとなり、各国語訳を合わせると世界中で 6500 万部が刊行され、今なお毎年 50 万部以上が売れている。

　主人公ホールデンは成績の振るわない平凡な高校生で、クリスマス休暇前に退学を言い渡される。彼は寮を飛び出してニューヨークに向かうが、欺瞞に満ちた社会や大人たちへの不満がいっそう彼を苦しめる。土曜の午後から月曜の昼まで、3 日にも満たない出来事をみずみずしいタッチで描いたのだ。

　本書は 1964 年に『**ライ麦畑でつかまえて**』の題名で**野崎孝** (1917 ～ 1995) による翻訳が出た（**白水社**）。全編にわたって「僕」の一人称で語られるくだけた口調が、新しい文学誕生として大陸を超えて評判を呼んだのである。

　16 歳の日常だけではなく、死について顧み、反戦を模索する思想書としても読める 20 世紀文学の金字塔である。その後、**村上春樹** (1949 ～) による新訳『**キャッチャー・イン・ザ・ライ**』（**白水社**）が出たので本文を見てみよう。

第 9 章　英語の名文で教養を身につける　173

「ライ麦畑のキャッチャー、僕はただそういうものになりたいんだ。たしかにかなりへんてこだとは思うけど、僕が心からなりたいと思うのはそれくらいだよ。かなりへんてこだとはわかっているんだけどね」
（『キャッチャー・イン・ザ・ライ　ペーパーバック・エディション』村上春樹訳、白水社、293ページ）

　ライ麦は大人の肩の高さほどにまで成長するので、繁茂したライ麦畑は子どもたちには恰好の遊び場だ。しかし、畑の先はよく見渡せず、崖から転落する恐れもある。
　主人公のホールデンは、そんなライ麦畑の端にある崖から子どもたちが落ちないように守りたいという。だからタイトル『ライ麦畑でつかまえて』なのである。

■ ライ麦畑の「つかまえ役」

　ちなみに、子どもは3つの「間」と書いて「三間（さんま）」で遊ぶといわれる。1つ目の「間」は「時間」の間で、わずかな時間のことを指す。
　外に出かけるまで5分しかないのにおもちゃを出して遊ぶのが、子どもの活き活きとした姿なのだ。スキマ時間を最大限に使いこなす「名人」でもある。
　2つ目は「仲間」の「間」。子どもは友だちと群れて遊ぶのが好きだ。デジタルゲームさえ、1人ですればよいものを友だちと一緒に群れながら、同じ部屋で引っついてゲームをして遊んでいる。
　本書では、「ライ麦畑みたいなところで、小さな子ど

もたちがいっぱい集まって何かのゲームをしているところを、僕はいつも思い浮かべちゃうんだ」（前掲書、293ページ）。まさにこの状態なのである。

そして3番目は、「空間」の「間」。子どもは狭くて見通しのわるい所で遊ぶのが何より好きだ。押し入れの中、階段下の隙間、路地の軒下、袋小路の奥、等々。大きめの段ボールなどを渡してやると、信じられない人数の子どもが中に入って遊んでいる。

つまり、閉鎖空間の中に、自分たち独自の宇宙を作ってしまうのだ。よって、大人の肩ほどの背丈があるライ麦畑は、もうそれだけで子どもの好きな場所となる。

閉鎖的で、迷路のようでもあり、鬼ごっこをするには最適だ。とにかく子どもは、こうした3つの「間」が何よりも大好きなのである。

わずかな「時間」も惜しんで「仲間」と遊びまわる「空間」、それが本書のライ麦畑なのである。三間がすべて揃っているところであれば、どこでもよいともいえよう。

駆け回る子どもたちは、時には出会いがしらにぶつかることもある。下に大きな石があればつまずいて転んでしまう。ましてや、向こうに潜んでいる崖などまったく見えてはいない。

「キャッチャー」とは、こうした危なっかしい子どもたちを捕まえてあげたいと願う主人公ホールデンであり、その舞台は、先がよく見えないライ麦畑、つまり世界の現実なのである。

実はホールデンは、寄宿舎生活を義務づけられた学校

をいくつも退学になっている。理由は1つ、大人に対する反逆心ゆえの勉学の放棄である。社会や世の価値観に対する嫌悪感がモチベーションとなって、反抗的な態度を取らざるをえなかったのだ。

しかし、彼は不毛な中からの脱出方法を知っている。それは後輩たちに援助の手を差し伸べること。崖から落ちた人間こそが、子どもたちが崖から落ちないように捕まえるキャッチャーとして最適なのだ。深く傷ついたホールデンだけにしかできないことでもある。

■ 「若者のバイブル」青春小説

私がこの本を最初に読んだのは、高校生のときだった。学校の図書館で野崎孝訳『ライ麦畑でつかまえて』を借りたのである。

都会の男子校には、好みであろうがなかろうが、とりあえず読んでおかなければ友だちづきあいできない、という暗黙のブックリストがあった。

いつの時代も高校生が背伸びするリストが存在するものだ。**カミュ『異邦人』、ブラッドベリ『華氏451度』、サガン『悲しみよこんにちは』、ヘミングウェイ『武器よさらば』、安部公房『砂の女』**などがそうした必読書であった。

先日、長野県松本市にある旧制松本高等学校の記念館を訪ねてみたが、旧制高校ならば「デカンショ」だったろう。

つまり、デカルト・カント・ショウペンハウエルの著作を読まない者は、相手にしてもらえなかったのであ

る。若者はまず読書で知力を競うものだが、暗黙の必読著者にサリンジャーは入っていた。

『ライ麦畑でつかまえて』を手に取った私は、ご多分に洩れず主人公のホールデンに自分を重ね合わせ、一心不乱に読み進めた。読了後も興奮が冷めやらず、図書館に返す期限を延長しようとした。もう一度じっくりと読み返したかったからだ。

ところが、そのとき出くわしたクラスメイトに「鎌田、そんなに気に入ったんなら自分で買えよ」と言われた。「俺も借りて読むつもりなんだ。早く返却してくれないと困る」と彼は言った。至極もっともなことだと納得した私は、すぐに本屋に走った。

私が手にしたのは「新しい世界の文学」というシリーズに収められていたもので、当時から名訳の誉れが高かった。併せて洋書コーナーに寄ってペーパーバックも買った。原書ではどう書かれているのかを知りたかったからだ。

私はペーパーバックをめくりながらお目当ての単語をさがした。繰り返し出てくる「おそらく」「たぶん」「じゃないかな」という表現に興味があったのだ。

案の定「**probably**」が頻繁に登場してくる。妄想と仮説とイメージトレーニング。自問自答を繰り返す心の動きが高校生の私をわしづかみにした。

ストーリーは既に知っていた。辿ってみるとさほど難解ではないことを発見し、英語であるにもかかわらず終いまで一気に読んでしまった。

入試問題と違って模範解答のない現実の世界。どうに

第9章　英語の名文で教養を身につける　177

も我慢できないにもかかわらず、必ず取り込まれてしまうに違いない「大人」の世界。

生き方のマニュアルや方程式など存在せず、不確実性にイライラする日々を送らざるを得ない。こうした「青春」に浸っていた私にとって、ニューヨークの夜半を背伸びして歩きつづけるホールデンは、遠い彼方に生きている紛れもない友人だった。

■ 時代に沿った新訳の登場

翻訳について少し述べたい。**野崎孝訳ホールデンは、下町のやんちゃなきかん坊のイメージ**だった。最初に出た 1964 年当時には、そうした 16 歳が身近な存在だったのだ。

それは私が読んだ 1970 年代の感覚にもピッタリ合っていた。おそらく多くのアメリカ人もそうであったように、著者の言葉使いの虜になりながら、私は話し言葉で書かれた斬新な一人称文学の世界に遊んだ。

一方、**村上春樹訳には繊細で愚痴っぽい少年のイメージ**がする。これも現代に即した 16 歳なのではないかと思う。

過剰な自意識と他者に対する過敏な反応に翻弄される若者たち。大人たちは彼らに対して腫れ物を触るように接する。ホールデンの感覚を理解しない大人たちと、鬱屈せざるを得ない子どもたち。

子どもの世界と大人の世界の狭間で葛藤する主人公の不安定な心理描写。ユニバーサルに存在する人間模様を、村上は見事に訳し出している。

世相はどうであれ、少年の深層心理に変わりがあろうはずがない。人類（ホモ・サピエンス）が誕生してから30万年、まったく同じことの繰り返しと言っても過言ではない。

　だから主人公のホールデンは、妹のフィービーにこう言われる。

　「けっきょく、世の中のす˙べ˙て˙が気に入らないのよ」（前掲村上春樹訳、286ページ、傍点原文）

　この言葉にすべてが凝縮されているように今も感じるのだ。私の中に生きているホールデンが時折暴れ出す。

　そして数年に一度くらい、思い出したように本書を読み返す。自分がどれほど「大人になっていないか」を測り直す絶好の書なのである。

　サリンジャー自身は1953年に自選短編集『**ナイン・ストーリーズ**』を刊行し、晩年は隠遁し40年以上も作品を発表することはなかった。

■ ジェームズ・ワトソン『二重らせん』

　さて、本章で取り上げる最後の1冊は、私のバックグラウンドであるサイエンスから名著を紹介しよう。

　科学の世界には百年に一度起こるかどうかの劇的ドラマがある。生命の遺伝を司る **DNA** が二重に巻いた螺旋構造をしている事実の発見がその1つだ。

　ワトソン著『二重らせん』（江上不二夫・中村桂子訳、講談社ブルーバックス）は、弱冠25歳で世界に先駆けて

第9章　英語の名文で教養を身につける　179

DNAの構造を発見した**ジェームズ・ワトソン博士(1928〜)**がその経緯を赤裸々に描いた「科学者のドラマ」である。

著者はこの功績によって1962年にノーベル生理学・医学賞を世界最年少で受賞した。その6年後、発見の過程をリアルに語った初版の『**Double Helix**』は世界中で大ベストセラーとなった。というのは、サイエンスの現場で繰り広げられた人間模様を、歯に衣を着せぬ表現で大胆に開示したからだ。

たとえば、宿敵の**ライナス・ポーリング(1901〜1994)**教授との生き馬の目を抜く競争が臨場感をもって描かれる。「ライナスがふたたびDNAの構造にかかりきりになるまで、われわれに与えられた時間は長くて六週間だった」(『**二重螺旋 完全版**』**青木薫訳、新潮社**、261ページ)。科学の世界では、最初の発見者以外はすべて負け組になる運命にあるからだ。

『**Double Helix**』は世界中の読者の心を鷲(わし)づかみにした。『**二重螺旋 完全版**』(**青木薫訳、新潮社、2015年**)は、その後に見つかった数多くの書簡とともに、編者が詳細な注と豊富な写真を加えた「完全版」である。

二重螺旋の発見から半世紀以上が過ぎた現在もゲノム解析からiPS細胞の研究まで、世界中が生命の本質を追いかけている。

■ 「ロールモデル」としてのワトソン

学問には旬(しゅん)というものがあるが、分子生物学においてその端緒を与えたのが紛れもなくワトソンた

ちの仕事なのだ。

　ここから分子生物学という新しい学問が誕生し、それまで複雑で混沌と見なされていた生物が、予測と制御が利く「物質」へと大変身を遂げた。その結果、生物学は神の領域にまで手を出すと同時に、ビジネスと倫理判断の対象にもなった。

　かつて私はロンドンの科学博物館に、ワトソンたちが作製した二重螺旋の模型を見に行ったことがある。ガラスケースの中では、ブリキ板で作られた模型が静かに輝いていた。

　本書に「真理は（中略）美しいだけでなくシンプルでもあるはずだ」（前掲書、20ページ）と書かれている通りだった。英国の中学生たちが周囲に集まり熱心に見ていたのも印象的だった。

　私が中学1年生のとき、理科教師から翻訳単行本『二重らせん』（江上不二夫・中村桂子訳、タイムライフブックス、1968年。後に講談社文庫、現在品切れ）を読む宿題が出た。夏休みに読み込んで要約を書いて来いというものだった。

　その後、高校になってから紀伊國屋書店の洋書コーナーでペーパーバックの『Double Helix』を見つけて英語で読み耽った。

　『Double Helix』に感動した私のロールモデルはワトソンとなった。ちなみに、ロールモデルとは仕事やキャリアを考えるうえで、自分の行動や規範のお手本になる人のことである。

　「こんな人になりたい」と思ったのは、彼が4つの大

第9章　英語の名文で教養を身につける　181

きな仕事をしたからである。まず若くしてノーベル賞を獲った後、33歳でハーバード大学の分子生物学教授になった。

その後、世界中で使われることになる分子生物学の画期的な教科書を書いた。37歳で**『遺伝子の分子生物学』**(Molecular Biology of the Gene) を出版し、その後も続々と改訂版が出ている（1965年初版、1970年第2版、1976年第3版、1988年第4版）。

そして2004年には16年ぶりに第5版が刊行され、世界中の生物学研究者に読まれている。2024年5月現在の最新版は第7版で、邦訳も出ている（中村桂子監訳、滋賀陽子他訳、東京電機大学出版局、2017年）。

さらにワトソンは経営者としての才覚も発揮した。40歳で請われてポンコツ研究所と揶揄されたコールド・スプリング・ハーバー研究所を世界トップの組織に立て直したのである。その結果、米国の科学界に大きな影響力を持つこととなった。

また、61歳から世界の医学と生命科学をリードするNIH（国立衛生研究所）のヒトゲノム研究センター長も務め生命科学を仕切る重鎮となっている。

遺伝子治療や再生医療が大きな関心を集める現在、『二重らせん』は科学と社会の関係を考えるうえでも優れた「現代の古典」と言っても過言ではないだろう。

私は原著の『Double Helix』『Molecular Biology of the Gene』から活き活きとした英文の見本を教わってきた。これらを英文で読むことによって20世紀最大の発見の興奮とその成果を楽しんでいただきたい。

■ 英語で教養を身につける意義

　ギッシングが語るように、教養は人生を豊かにする。ここで改めて、英語で教養を身につける意義を考えてみよう。現代のような多様で変化の速い社会で仕事をする際に、教養の力が重要なアイテムになってきた。

　たとえば、異なる文化や習慣を持つ民族のあいだで円滑に対話を行なうのに、教養が不可欠である。刻々と変化する状況を把握し的確な戦略を立てるためにも、教養は大事な基盤となる。

　国際人として信頼を得て尊敬されるためには、仕事ができるだけでは不十分なのである。仕事がよくできるのはあたりまえ。それに加えて、幅広い教養と人間的な魅力が必要となる。両方があってはじめて、総体的に能力を発揮できるからだ。

　個人のキャリアアップの過程においてもそうである。スペシャリストからジェネラリストへの転換の中で、教養は重要な働きをする。人柄と幅の広さがポイントとなる。世界に通用するエグゼクティブは、みなジェネラリストである。仕事と人物の両方で合格していなければならない。

　さらに、教養には人生を豊かにする大事な側面がある。音楽、絵画、スポーツ、旅、ファッションなど何でもよい。自分の趣味を幅広く開発しておくことは、人の生き方に潤いを与えることに誰も異論はないだろう。この中でも英語を使いこなせることは、最大の武器になり得る。

これまで私は京都大学の講義で教養に関する話にかなりの時間を割いてきた。地球科学の講義の最中にも、教養にまつわるエピソードを余談としてたくさん挿入する。というのは、改まって行なうような話では、教養というものは伝えにくいからだ。

　そもそも教養は、人生全体の戦略を練るうえでもきわめて重要なものである。教養にどれだけ投資できるかで、人間の器が決まると言ってもよい。

　結論から言うと、最終的な人生の勘定では、教養があったほうが必ずプラスになるのだ。人物の器の広さは教養の深さと比例するからである。

　さらにキャリアが進んで仕事の質が上がれば上がるほど、教養はもっと大切になる。実は、仕事上の能力だけでは勝負はつかない、ということが起こる。人としての器の大きさが、人事では最終的にものを言うのだ。本人が長年かけて地道に蓄えてきた教養がここで底力を発揮する。

　たとえば、私は最初に書いたビジネス書『**成功術　時間の戦略**』（文春新書）の第6章を、「教養」の章とした。各章の冒頭には一番言いたいことを3行のキーフレーズで記したのだが、要は、「**教養がある人が最後には勝つ**」なのだ。

　そして多くの人が知っているように、教養は一朝一夕では身につかない。そして仕事の忙しさにかまけていると、教養までなかなか気がまわらない。だから多くの人が手を抜いてしまうのである。

　学生時代には音楽会や美術館へ足しげく通っていたの

に、社会に出たらご無沙汰してしまう人があまりにも多い。背に腹は代えられない、と言いながら、何十年も教養から遠ざかっている。

　だからこそ、私は一生つづくような豊かな教養のアイテムを、しっかりと身につけてほしいと思う。単に見栄や恰好で絵画を見に行くのではなく、人生の一部に組み込まれるような趣味を確立してほしい。そうしていると、いつの日か教養が自分を助けてくれるのである。

　教養を自分のものとするには、時間と労力とお金がかかる。しかし費やした時間と労力とお金は、その人の目を必ず肥やしてゆく。よって、本書の読者は**英語を使いながら教養に投資する習慣を早いうちに身につけていただきたい**と願う。これが生涯にわたって生活を豊かにする「知性」に関する本質なのである。

　なお、英語の習得と古典が学べる「一石二鳥」の本として、本章で取り上げた他に**拙著『座右の古典』（ちくま文庫）**では下記を取り上げている。

スマイルズ『自助論』
マズロー『人間性の心理学』
ハマトン『知的生活』
デューイ『民主主義と教育』
ウィーナー『サイバネティックス』
ウィリアム・ジェイムズ『プラグマティズム』
キャノン『からだの知恵』
フランクリン『フランクリン自伝』
マクルーハン『メディア論』

トーマス・ペイン『コモン・センス』
ヘンリー・フォード『藁のハンドル』
シェイクスピア『ジュリアス・シーザー』
ソロー『森の生活』

　また『世界がわかる理系の名著』（文春新書）では下記
の英書を紹介した。

ニュートン『プリンキピア』
ハッブル『銀河の世界』
ダーウィン『種の起原』
ライエル『地質学原理』
カーソン『沈黙の春』

　いずれもペーパーバックなどで簡単に入手可能である。特に、『プリンキピア』や『種の起原』など古典によっては英文のテキスト全文がネットに公開されている。ぜひ英語の勉強を兼ねて第一級の教養を身につけていただきたい。

第10章 デジタル環境での英語勉強法

■ 情報に受身になっていないか

　最終章では、英語を学ぶうえでのデジタル環境の勉強法について考えておきたい。ここまでの章で、現代だからこそ可能になった便利なデジタルツールを利用した学習法も数々紹介してきた。しかし、**デジタルツールやアプリを用いた英語学習には大きなムダが潜んでいることも忘れてはいけない。**

　ここで重要な考え方はパソコンやスマホに時間を「搾取」されることなく、人がコンピュータを「使い倒す」ということだ。多くの人は必要以上の時間を無駄に費やしている。つまり、一見すると仕事をしているようで、まったく知的生産をしていない状態が生じるのだ。もういちど第１章で述べた「知的生産」と「知的消費」の議論を振り返っていただきたい。

　勉強のためにコンピュータでも何でも役立てようと考える人が多い。ここに大きな盲点がある。何でもしてもらえるようにもってゆくには、コンピュータをしっかりと仕込まなければならない。

　その結果、大きな時間と労力を要するハメになる。多くの人は、ここに最大の浪費があることに気づかない。最初に注意したいのは、コンピュータ依存が際限なく高まっている勉強の現場である。

　本書を貫く、英語習得のための中心にある考え方は

第10章　デジタル環境での英語勉強法　187

「**目的優先法**」である。その目的とは、英語を使って自らのアウトプット（知的生産）を行なうことである。**特にインターネットなどのデジタル情報の取得に際しては、目的優先・アウトプット実行という意識をしっかりと保持していなければならない。**

　世間には、パソコンを使いこなしていないと劣等感を持つ人は非常に多い。特に団塊の世代から50歳代まででそう感じるビジネスパーソンは少なくない。それより若い世代でも、新しく出たソフトやアプリケーション、その機能に追いまくられている人が大部分であるように思う。

　仕事場に入ってパソコンに向かっても、インターネットなどを"消費"する側にまわっているだけで、肝心の"生産"に向かっていない。20年以上見てきた京大生と院生もそうであった。

　スマホやパソコンなどのデジタルツールが、旧来の電話やテレビを駆逐した結果、情報が次々と垂れ流される状態が加速した。ボーッとモニターを見て情報に対して受身でいる時間は、当然のことながら知的生産はほとんどなされない。人間がこうした外からの刺激に弱いことは、1970年代にカナダの社会学者**マーシャル・マクルーハン（1911〜1980）**が指摘した通りである（**拙著『座右の古典』**ちくま文庫、237ページを参照）。

　パソコンを起動させたら、多くの人はまずメールを見る。ついでにブラウザに表示されたインターネットのページで、いま世界で起こっていることを確かめる。これは実は、仕事の開始から自分の本務を忘れている「他者

に受身の姿勢」に陥っている状態なのだ。

■ デジタル環境での「水」「コーヒー」

いっぽう、企画書の英文を書くことは、きわめて能動的な活動である。頭がアクティブに英語脳の状態で働いていなければできない。これは仕事のスタートと密接に結びついている。したがって、朝いちばんの行動にまず注意を払ってほしい。

ではどうすればよいか。目的優先法に基づいた処方箋は、自分の仕事に必要な範囲を限定することから始まる。

水とコーヒーをイメージしてみよう。前者は生命維持に必要なモノであり、後者は嗜好品で、あれば嬉しい、良質ならなお有難いといった類のモノだ。

この見立てでいくと、私にとって紙の手帳は水であり、時間管理の生命線だ。しっくり手に馴染み、自分の字で書きつけた記録は今後なすべきことをイメージでき、パラパラとめくれば過去にしたことやそのときの状況まで詳細に蘇ってくる。

他方、**iPad** のスケジュールアプリはコーヒーだ。予定の時間が近づいたら通知音が鳴るのは便利だし、周囲が私の予定を把握できるデータ共有機能も有難い。つまるところ、ないよりはあったほうがいい程度のオプショナルなツールなのだ。

書籍にも同じことが当てはまる。私は読書の際、本に盛大に書き込みをする。それによって読んだ内容が血肉となり、クリエイティブな発想の源泉となる。したがっ

て、紙の本は水。研究に関わる資料をはじめ、個人的な愛読書もすべて紙の書籍だ。

そして電子書籍はコーヒーとして利用する。雑誌はすべて「dマガジン」などの読み放題サービスを利用して読む。月々一定額を払えば、あらゆる雑誌の最新号が読めて非常に重宝だ。英文の論説も大部分はネットで読める。

『Science』と『Nature』、そして自分の研究分野の国際学術雑誌も今はすべてネットで読み始める。しかし、じっくりと読むときには私は必ずダウンロードしてプリントしたものにエンピツを握り締めて英文と格闘する。そうしなければ本物の研究、知的活動ができないからだ。

ネットの雑誌はときどき運営元が「もう何百円か払えばこんな便利機能がついてきます」といったことを知らせてくる。しかし私はその誘いには一切乗らない。ネットで最新情報にアクセスする便利さはすでに十分に享受していて、それ以上は求めていないからだ。

すなわち、便利さを追求すると、ミイラ取りがミイラになってしまうのである。それがデジタルツールの怖さなのだ。コーヒーは追うべきものではない。嗜好品に依存してはいけない。**デジタル技術を使いこなすコツは、古来賢人たちが口を酸っぱくして解いてきた「足るを知る」なのである。**

英語勉強法でもまったく同様である。いまでも勉強の際に十分に機能している場合は、それ以上に便利さを追求しない。人間は便利であることにめっぽう弱い。「足るを知ることは難しい」ことを最初に知っておく必要が

ある。

　デジタル環境の誘いについ乗ってしまう方々は、**自分の学習環境での水とコーヒーを一度「棚卸し」してみよう。生きる（勉強を続ける）ために絶対に必要なもの、あれば嬉しいもの、なくてもよいもの**……。英語を学ぶ本来の目的に照らし合わせて無駄なコーヒーをできるだけカットしていくことが大切だ。

■ 「便利な機能」に潜むリスク

　ふと思い立ったアイデアの記録を英文で保存する際に**Evernote** や **Dropbox** などのクラウドアプリを使用する人が多い。しかし私はその必要性を感じていない。これらの役割は、毎日使うメールソフトで十分に事足りるからだ。

　メールで行なった通信内容は、身の回りにある情報の集積である。これを使いやすい英文ストックとするのである。メールの検索機能では、名前やサブジェクトですぐに必要なメールを探し出すことができる。名前には、住所や電話番号などの連絡先が付随して出てくる。仕事内容をキーワードから検索すれば、必要な情報がすぐに取り出せるのだ。

　自分のアドレスに英文のメモを送る方法もよく使う。たとえば、外出先で何かおもしろい言い回しを見つけたときに、スマホから自分のパソコン宛てに英文を送っておく。こうすれば消えてしまうこともなくパソコン上ですぐ作業に取り掛かれる。

　世の中にはデジタルツールを使う際のコツというもの

第10章　デジタル環境での英語勉強法　191

が溢れている。みなさん自慢のテクニックを披露しているが、私に言わせればコストパフォーマンス上ほとんど必要のないツールである。スマホとパソコンに費やす時間が計算されていないからだ。

　私の経験では、実際に使ってみて効果があるテクニックは以下の２つであり、しかもこの２つだけで十分だと断言したい。

１．パソコンについているいちばん簡便な検索機能で、
　　全データを瞬時に文字検索できる。
２．保存してある情報はすべてデータベースとして活用
　　できる。これらを用いてコピーペーストすることで、
　　次のアウトプットを簡単に行なうことができる。

　おそらくメールとネットのブラウザだけがあればデジタルツールの用はほとんど足りるのではないか。あとは人からもらった文書や映像を見たり加工したりするため少数のソフトがあれば足りる。**ちょっと便利というだけの知的消費のオモチャをたくさん並べて知的生産の効率を下げてはいけない。**

■「最新ソフト」のムダをそぎ落とす

　研究者として国際学会発表の際には、プレゼンテーション用ソフト「パワーポイント」（PowerPoint）や表計算用ソフト「エクセル」（Excel）はたいへん便利である。しかし、ここにも盲点が潜んでいる。きれいなスライドや図表をつくりあげると、もうそれだけで十分に仕事を

した気になってしまう。事実、聴衆をアッといわせるものをつくるには際限なく時間がかかる。思いあたる方もいらっしゃるだろう。

しかし、それだけ時間と頭を費やしても、情報として何か価値あるものが付加されたかというと、別問題である。趣味といってもよい作業に大事な時間を浪費していることに気づかない人が、なんと多いことか。

私はパソコンで論文を書きはじめるようになった最初の世代にあたる。NEC の 98 という機種（現在は博物館に陳列されている）で「松」というワープロソフトを使っていた。

その後、たくさんの種類のソフトが出まわり、私の周りの多くの研究者は、次々と乗り換えていった。ソフトを換えるだけでなく、バージョンアップしていたのだ。しかし、私はそのような行動はとらず、学位論文を書きあげるギリギリまで「松」を使った。英文作成にはEGWORD という古典的ソフトを使い倒した。

当時、私ほどこれらのソフトを使い倒した人間はさほどいなかったかもしれない。なぜなら、ソフトを換えることによる時間の浪費を恐れたからだ。「松」とEGWORD を使って 1 本でも多くの学術論文を書き上げることに、全精力を費やしたのである。

この戦略はまったく正しかった。だからそれ以降も、**私はいったん使いこなしたソフトは、よほどのことがないかぎり徹底的に使う。**

実は、そのほうがソフトの持つ潜在能力に習熟することができるし、何よりも乗り換えにともなうタイムロス

第10章　デジタル環境での英語勉強法　193

を激減させることができるからだ。現在は Word を使っているが、そのバージョンアップは仕事上ファイルが互いに読めなくなるまでは行なわない。こうしたきわめてレトロな戦術で困ったことは今まで一度もない。

■ デジタルネイティブに追いつかなくて良い

　私は原則的にクラウドを使わない。その理由は2つある。ひとつは、電気と Wi-Fi があまり信用できないこと。近未来に日本を襲う南海トラフ巨大地震などの大災害が起これば、こうしたインフラは即座にダウンしてしまう。

　2011年の東日本大震災以降、日本列島の地殻変動は激しさを増し、地震と噴火が起こりやすくなっている。地球科学者として何よりも伝えたいことは、日本列島では3つの大災害、すなわち南海トラフ巨大地震、富士山噴火、首都直下地震を控えているということだ（**拙著『首都直下　南海トラフ地震に備えよ』SB新書**、98 ページを参照）。

　2030年代に発生が予測される南海トラフ巨大地震では総人口の約半数にあたる 6800万人が被災する。これだけ甚大な被害ともなれば電気や通信機能はダウンせざるを得ない。当然しばらくはデータが見られず、復旧後もデータが保持されているかどうか非常に心もとない。

　地球科学者として私が声を大にして言いたいことは、クラウドを含むデジタルツールの多くは、電源あってこその手段だということである。**デジタルありきの勉強態勢や環境は、この点でリスク含みであることを肝に銘じ**

たうえで、**使ってほしいのである。**

　もう１つの理由はセキュリティである。データ流出の可能性が 100 パーセントないとは言い切れず、やはりデータは手元で管理しておくのが一番だと思う。

　と考える私だがクラウドとまったく無縁なわけではない。前述のとおりスケジュールは手帳のほかに共有用のアプリを併用するし、執筆原稿も媒体によっては **Drop-box** にアップする形をとる。

　ただし **Dropbox** は、私自身はあまり使わない。こちらからはメールで送って、編集サイドでアップロードしてもらうことが多い。ある意味「デジタルに精通していないオジサン」という体裁で若い世代に助けてもらっているとも言える。

　エクセルに関しても同様だ。採集した岩石のデータ管理もアナログがメインだ。並行して作るエクセルの表作成は、学生や院生に任せる。私は表の体裁と構成要素を考え、若い人たちがそれに従って作成・入力する。英文表記の誤りは私が細かく直す。双方が役割を分担し互いに必要な存在となる。英語の使い方も教育できるので一石二鳥なのである。

　上の世代の人々はしばしば「自分はパソコンが上手に使えなくて」と悩むが、デジタルネイティブ世代に追いつこうとする必要はない。デジタルの知識は本質的な知的生産にはほとんど不要と言っても過言ではない。若いビジネスパーソンが新しいソフトに惑わされて貴重な時間を浪費している現実に目を向けさせるのは、私の役目である。

第10章　デジタル環境での英語勉強法　195

第1章では、**渡部昇一**氏の著作から、ギリシャ語やラテン語を学ぶことは無駄な知的消費になりうると諫める部分を引用したが（本書21ページ）、それを現在のデジタル環境に当てはめれば、デジタルツールが知的消費の最たるものとして挙げられるかもしれない。

　よって、無理に若い世代の真似をしなくてもよい。目的と方向性をきちんと示しさえすれば、彼らは着実に実行してくれる。作業は慣れた人に任せ、自分はその間に本質的な仕事に打ち込む。英語を勉強する際にも大事な方法論である。

■ 必要最低限のものを用いる

　次々に更新されるツールや機能に流されるなかで失うのは、時間だけではない。「好奇心」も確実に磨滅していく。人間という生物は新しい情報にめっぽう弱い。外から降り注がれる刺激にたやすく反応し、そのつど刺激に対する感受性が鈍麻してゆく。

　人間の身体はかれこれ30万年もの間まったく変化していない。ホモ・サピエンスが誕生した30万年前にはネットはおろか電気もなかった。当時の生存の条件は、生命を維持できるだけの食料と水、寒さに耐えうる衣服、雨露をしのげて外敵から身を守れる場所を確保することのみだった。

　その生活も厳しいものであったに違いないが、現代の過剰な供給もまた問題だ。当時の人体をそのまま持っている私たちにとって、現代の便利な道具は不自然なものなのだ。

その意味で、人間は必要最低限のものを用いて生きるのが一番だ。生きていくために必要なものは必ず確保。加えて、社会生活上必要なものを小さく取り入れていくのが望ましい。

　そのどちらの「必要」にもまったく当てはまらない行動を、現代社会は次々に促してくる。ネット検索はその典型だ。ネットサーフィンにはまると、時はどんどん過ぎていく。目的を持って検索するときでさえ、つい脱線して時間を浪費することがある。対策は、時間を区切ること。なんならキッチンタイマーを使うのもよいだろう。

　また、検索でヒットするサイトは玉石混淆なので、その中から選別するための時間がかかることを念頭に置いておかないと、検索だおれとなってしまう。これも盲点の一つといってよい。

　生産性を上げるための検索や調査をしているのに、その調査自体に時間を浪費していないか？　常にこの問いを念頭に置き、時間管理にはくれぐれも注意が必要なのである。

　検索した結果は、画面ごとに保存しておく。この際、あとで調べやすいように、表題をファイルにつけておく。またこれとは別に、有用な情報が見つかったら、後々すぐアクセスしておけるようにすることも大事だ。

　たとえば、**Word** やテキストファイルワープロソフトを立ち上げて、重要な文章などをコピーペーストしておくとよい。ここでは必ず、引用したサイトのアドレスも打ち込んでおこう。さらに、表題をファイルにつけてお

第10章　デジタル環境での英語勉強法　197

くことも肝要だ。あとで探しやすくするためである。

　もう1つ、必要最低限に抑えておきたいのがSNS
だ。私が利用しているのはFacebookのみ。それも、レ
ビュアーとして参加している書評サイト「HONZ」のプ
ラットフォームになっているので「必要に駆られて」入
った形だ。

　なお、Facebookでは自分がネットに書いた記事や講
演会の案内なども発信する。一方で、ツイッター（現
X）は使わない。ツイッターは必要性を感じないわけで
はないが、情報の発信はFacebookと自分のホームペー
ジに限っている。

　逆に、ツイッターはいま話題のキーワードで検索をか
けながら、いま必要な情報をリアルタイムで得るために
使う。たとえば、私の専門である活火山の噴火情報は、
こうしてツイッターから入手する。

　**LINEは、それ以外で連絡がつかない相手との間だけ
で使うが、正直なところあまり得意ではない。ご存じ
「既読」のシステムが、他人から追いかけられている感
覚を起こさせるからだ。だから周囲の皆さまには「私へ
の連絡は原則メールで」とお伝えしてある。英語のコミ
ュニケーションでも同様である。**

　便利なものに飛びついた瞬間、自分の立ち位置が狭く
なる。あえて「今どき」に多少逆らって生きることが自
分を磨耗させない大事な戦術となる。とくに英文で
SNSを行なう際には、和文よりずっと時間の消耗が激
しいので、この戦術を忘れないでいただきたい。

　最近気になるのは、何でもかんでも動画で学ぼうとす

198　第Ⅲ部　合理的なアウトプット術と英語の活用

る若者が増えていることだ。茶道や武道、踊りや料理など動きを学ぶものは動画が一番だが、動きを伴わない知識や概念を伝える動画は、思考を止めるデメリットがある。

　もちろん、**YouTube** が普及し動画メディア隆盛の昨今、工夫が凝らされ知的刺激を与えてくれる優れた動画コンテンツが多数あることも事実である。それらは、興味や関心を持つ出発点として最適であることは言うまでもない。私自身の「京都大学最終講義」もそのために **YouTube** にアップロードした。

　しかし「良い動画を見たな。勉強になった」で終わりではいけない。そこからさらに自分なりの本格的な学習へと発展させて、追究を続けてほしいのだ。

　そういう意味では、「動画で学ぶ」は意外に非効率なのである。なぜなら、動画の内容そのもの以外にも、話している人の服装や表情、背景の景色やテロップ（字幕）、効果音や **BGM** など、視聴者を引き付けるための情報量が多すぎるからである。

　つまり、肝心の学習したい内容から気が散ってしまう要素も含んだメディアということである。この点に十分に注意して、当初の英語を勉強する目的に即して、それに合うツールやコンテンツを賢く選択してほしい。

■ 紙の本と電子ブック

　20 世紀後半に発達したデジタル技術は読書の形態を大きく変え電子ブックを身近なものにした。紙の本から電子ブックへの転換が、人間の情報収集と脳の働きにど

のような変化を生んだのかについて、英語勉強法の観点から考えてみよう。

電子ブックと紙の本の両方に長所・欠点がある。電子ブックはどこでも読めるし、蔵書のスペースも不要だ。目的の用語を一発で検索もできる。だから一気に広まったが、紙の本が駆逐されたわけではない。

紙の本は子どもの想像力を膨らませる「深い読み」を育むから、幼児教育から外すことはできない。よって、適切な時期に紙とデジタルの脳回路を育み、必要に応じてスイッチ可能な「バイリテラシー脳」を育てることが心理学者からも提案されている（**メアリアン・ウルフ著『デジタルで読む脳×紙の本で読む脳』大田直子訳、インターシフト**を参照）。これは英語の勉強でもまったく同じである。

「深い読み」には紙の本が適しているので、私も行なってきたように、難解な英文はプリントまでして熟読する。人類はこうした紙の本を用いる読み方を何千年も行なって知的遺産を作り上げてきた。

次に電子ブックでの読み方を見てみよう。デジタル画面で本を読むと斜め読みが簡単にできる。すると細部を理解せずに読み飛ばしする習慣がつくようになる。

得られる情報は紙の本より多くなるが、頭で処理できる量は限られているので、結果として浅い読みになってしまう。これが「デジタル読みモード」の弊害なのだ。

日本語でもそうなので、英語の場合にはさらに顕著にマイナス効果が出る。

日本の義務教育でも教科書の電子化が進み、デジタル

読書を避けることは不可能である。一方、時間をかけて慣れてくれば、デジタルでも論理を分析・批判できるようになる。私の教え子の京大生たちを観察してもその通りで、紙の本と電子ブックとの読解にまったくと言ってよいほど差がない若者がたくさんいた。

両方を使いこなす彼らが、いずれ我々世代の読書能力を凌駕することに疑いはない。

デジタルツールは人間の思考力と感受性を大きく変えつつあるが、その根底には**マクルーハン**が唱えたメディアに関する卓見がある。彼は**『メディア論』（みすず書房**。原書の初版は 1964 年）で、情報の中身（コンテンツ）よりもそれを伝える媒体（メディア）のほうが大きく世界を変えると喝破した。

それから半世紀ほど経ち社会は予言通りになり、スマホと **YouTuber** が情報伝達を根本から変えてしまった。

■ 人類が行なった読書の歴史

ここで読書の歴史を振り返ってみよう。西欧文明の 3000 年に及ぶ歴史の中で、人類は３つの大きな変革を経験した。第一の革命は文字の発明である。これによって口承で伝えられてきた出来事や物語が、歴史として記録されるようになった。

こうした状況は 15 世紀に**グーテンベルク（1398 頃〜 1468）**が印刷機を発明したことで大きく変わった。第二の革命である。それまでの読む行為といえば「音読」だったが、印刷本が誕生してから人は「黙読」をするようになった。人は部屋に閉じこもり、自己の世界へ没入す

るようになったのだ。

　第三の革命は、20世紀後半の電子情報機器とインターネットの進展による電子ブックの登場である。資本主義と深く結びついたデジタルメディアが膨大な情報を垂れ流し、かつ人々の発信から収集するようになり、良くも悪くも人間の行動様式を変えた。

　一方、私が専門とする地球科学から見ると、別の描像が得られる。人間が情報収集に「眼と頭」を使う構造は、3000年はおろか何億年にわたって何一つ変わっていない。

　たとえば、我々の祖先は5億1000万年ほど前に出現したバージェス動物群から、眼の機能を獲得した。これによって、情報収集の能力が飛躍的に向上した（**拙著『地球の歴史（中）』中公新書**、130ページを参照）。

　その後、30万年ほど前に進化したホモ・サピエンスの脳と眼の構造を、現代人はそのまま使っている。**メディアがデジタルであろうがなかろうが、情報収集の身体構造は変わっていない、というのが地球科学者の見方なのだ。**

　よって、かけがえのない原理的な「読書脳」が失われる前に、現代の心理学者が提案する「「深い読み」ができるバイリテラシー脳」を育成するには、その元にある身体機能の回復も考慮しなければならない。

　ここで整体という概念を初めて確立した**野口晴哉（のぐちはるちか）（1911〜76）著『体癖』（ちくま文庫）**が参考になる。野口は「体は頭より賢い」ということを発見し、整体という概念を用いて潜在意識教育に尽力した。

頭を活発にするには、まず体を整えなければならない。ここから新しい読書術が始まるのである（**拙著『読まずにすませる読書術』SB新書**、78ページを参照）。

　われわれは日本語で多くの本を読んできたが、英語で読む本が増えるにつれて、読書の形態が大きく変わってくるだろう。と言うのは、第2章で述べたように、フレームワークの橋渡しを絶えず頭の中で行ないながら英文を読むことになるからだ。

　「バイリテラシー脳」で深い読みができるにはどうすればよいかは、私にも良い解決策はまだない。簡単に言うと、第9章で述べたような教養をも視野に入れた英文読書には紙の本が適っている。

　一方、科学研究やビジネスのように必要な情報を素早くインプットし効率よくアウトプットするには電子ブックを活用するのが良い。こうした課題を私より若い世代がどう克服していくかは、今後の楽しみとしたい。そして本書のサブタイトルに挙げた「インプットとアウトプットの全技法」について、読者の皆さんと進化させてゆきたいと思う。

おわりに——無理をしなくても実践できる英語勉強法

■ ラクして実を取るのが理系的方法論

　終わりにあたって本書の根底に流れる英語勉強法の考え方を整理しておきたい。そもそも新しく勉強法を知ってどうするのか。これまでの方法の何を変えればよいのか。

　そこでもっとも大事なことは、変えた後のシステムがすぐに採用でき、それほど苦労なく行なえるということである。そこでは読者がいま実践しているシステムよりもラクでなければならない。

　たとえば、**本書内で紹介した「不完全法」「割り算法」「棚上げ法」「隙間法」は勉強の方法論にまつわる技法だが、いずれも不必要な努力の"手抜き"を勧める方法である。**

　たとえば、いつ使うか分からない知識を単純暗記するために費やすエネルギーは、莫大なものである。これは無駄なエネルギーだ。そのエネルギーを本当に実質的な勉強のために転換しようというのが本書の勉強法の発想である。

　そして、本書で紹介した考え方はいずれも余剰エネルギーが少なくても実行できる点がポイントである。むしろ、省エネルギーとなる方法だけ、人は採用できるものだともいえる。

　世の中には勉強法と名のつく本がたくさん出版されて

いて、そのなかには尊敬すべき素晴らしい方法論が書かれているものも多いが、非常な努力と面倒な準備を踏まざるをえない方法であるため、実際には実行できないものも少なくない。

こうした本の著者自身がもともと努力家で几帳面な人なので、そうなってしまう。これはビジネス書全般に当てはまることで、書かれている話はよくわかるが私にはとうてい無理だという本が多い。それは他人事ではなく、私自身がいつも感じていることでもある。

これに対して、**本書はズボラでつねにラクをしたがる人に向けて私が編み出した勉強法**という特徴がある。実際、私自身がここに述べた方法で英語学習を簡単に乗りきってきた。

実は、無理をしなくても実践できるというのは私の専門である科学の基本にある考え方なのである。**理系人はそもそもラクをしたがる種類の人間なのだ。**しかも、理系人はシステムで世界を見ようとする。つまり、もっとも手軽なシステムとは何かをいつも模索しているのである。したがって**本書では、読者が現在もっているシステムよりも簡単で、しかも効果のあるものだけを選りすぐって紹介したかったのである。**

この考え方は、実は人間の活動すべてに応用が可能だ。たとえば人間関係でも、できるかぎりエネルギーを消費しない方法を採用したいものだろう。

アドラー心理学をはじめとしてある種の現代心理学には、人間関係にまつわる消費エネルギーを低下させることができる優れた技術がある。余計なエネルギーを費や

おわりに──無理をしなくても実践できる英語勉強法　205

さずに良好な関係を保てるのであれば、これほど価値のあるものはない。

　もし仮に、新しい方法がエネルギーの低下につながらないとすれば、いままでの方法を続けるほうがよっぽどマシである。そもそも異なる技法を採用すること自体が、エネルギーを費やすことになるからだ。

　従来の方法を変えるためにエネルギーを費やしても、それを補ってあまりあるほど仕事がラクに進められることが保証されてはじめて、新しい技法に乗り換えることに意味が生じるのだ。

　私は本書を執筆するにあたって、みずから自分が主張する勉強法を実行していった。つまり、ここで提案している方法を、あらためて１つ１つ試しながら書いていったのである。

　そして効果があると思われる方法のみ、本書に記すことにした。使えない技術を披露したところで意味はない。整理法を説きながら、それを実行に移して自分の頭の中を整理していった、といってもよい。

　だから本書は私にとって、ラクに英語が勉強できる実験記録でもある。**他人に方法を説いていながら自分では実行できないのでは、お笑い種だ。**

　たとえば実行しにくい箇所に突きあたった時には、ただちに撤退した。こうすればラクにできるではないか、ここで簡単に実行するのが合理的だ、と自分にいい聞かせつつ、それを実行しながら書き進めたのが本書なのである。

■ 苦労は細分して乗り越える

　私が念頭に置いたのは、体調や気分に関係なく実践できることである。**デール・カーネギー（1888〜1955）**は、世界中で刊行1000万部を超えたといわれる著書**『道は開ける』（初版1948年）**でこう述べている。

　　「みじめな気持ちになる秘訣は、自分が幸福であるか否かについて考える暇を持つことだ。裏を返せば、そんなことを考えないことだ！　手につばをつけて、忙しく働こう。そうすれば血のめぐりはよくなり、頭脳も回転し始めるだろう」
　　（カーネギー『道は開ける　新装版』香山晶訳、創元社、105ページ）

　ちなみに、『道は開ける』は英文で読めるビジネス書としても優れた教材である。同じ著者の**『人を動かす』**と一緒に、京大生へ英語とライフハックの両方を学べる絶好の書として紹介してきた。
　同様に本書第9章でも紹介したイギリスの哲学者**バートランド・ラッセル**は以下のように述べる。

　　「現在もっとも幸福なのは科学者たちである。彼らのもっとも優秀な連中の多くは、感情的には単純であり、仕事から非常に深い満足を得るので、食べることや結婚などにもすぐに満足することができる。（中略）
　　彼らは複雑な感情をもつ必要がない、彼らのより単純な感情は何も障害に出くわさないのだから。感情に

おわりに──無理をしなくても実践できる英語勉強法　207

おける複雑さは、川の中のアブクのようなものである」
（ラッセル『幸福論』片桐ユズル訳、バートランド・ラッセル著作集 6 、みすず書房、117ページ）

　これらの考え方は「主知主義」といわれているもので科学者の思考法そのものである。人の感情も体調も、そこにこだわるか否かで消えたり問題ではなくなったりしてしまうというのだ。

　古来より「病は気から」という。困難に直面したらそれだけにかかわるようなことはせず、一時的に避けて日和がよくなるのを待つ。システムの中では起こりうる〝想定の範囲内〟の些細な障害と考えておくのが、きわめて合理的なのである。よって、感情や人づきあいまでもシステムの中でコントロール可能な一部としてしまう。

　その反対に、世の中には難しいことと心中するのが好きな人がいるが、合理的ではない。**たいていの困難は分割できる、と科学者は考える。出会った困難は簡単にできるものに細分化して、１つ１つを片づけていこうとする。「要素分解法」を用いて、勉強に必要なエネルギーレベルをつねに下げていく方法をお勧めしたい。**

■ 英語は特殊技能ではない

　英語が国際語であることは「常識」だが、若い人にはその常識が浸透していない。なかなか英語学習に対してやる気を出さない。たとえば、講義や講演会で英語学習の大切さを説いても「今さら英語なんか勉強しても仕方ない」「もう遅いのではないか」などと、ネガティブな

ことを言う人たちが少なからずいる。

学校教育を終えたビジネスパーソンに「英語の勉強は楽しかったか」と尋ねると、ほぼ全員が「楽しくなかった」と回答する。一方、英語をペラペラしゃべっている人には、たいていの人が憧れを持っている。そして「英語が得意になりたいか」という質問には、全員が「はい」と答える。英語が苦手な日本人は大勢いるが、そうした人たちも「英語ができる自分」にはいつも憧れている。

これは、同時に英語学習を苦行のように感じさせてきた教育に問題があったと言えるだろう。「英語ができる自分」に憧れはするが、とうてい実現不可能だと思わせてしまっている現実こそが問題なのだ。

英語はもはや特殊技能ではない。バイオリンや野球のように一部の才能を持った人間だけが習得し、活躍できるものではない。「誰もが習得しうる技能」という意味では、自動車の運転と近い存在であるべきである。たとえば、プロフェッショナルのバイオリン奏者やJリーガーに会えば感嘆するが、車の運転免許証を持っている人に出会っても誰も驚かない。

「日本人は英語ができない」というのは、日本人全体の共通認識のようになってしまったが、間違いである。正しい方策と習得を助ける継続的な動機付けがあれば、必ずできるようになる。

しかもその「正しい方策」の根幹は、見たこともないような新しい習得術ではなく、中学と高校で学んできた「学校英語」なのである。これについて述べておこう。

おわりに——無理をしなくても実践できる英語勉強法　209

■ 地に足のついた英語勉強法は変わらない

　受験英語は無駄だという俗説がある。今から1世紀前にも、文法に偏った英語学習が間違っているという議論があった。本書第5章に登場した明治〜昭和期の英語学者山崎貞（1883〜1930）の時代にも「文法ばかり学習するから英語が話せるようにならないのだ」と文法不要論が強まったことがある。山貞（ヤマテイ）の略称で親しまれた彼は、往年の受験参考書『新々英文解釈研究』（研究社、初版1965年）を記した英語教育界のレジェンドである。

　くすぶる文法不要論に対して山崎らは『新自修英文典』（研究社、初版1963年）などで文法学習の重要性を訴えた。つまり、日本の英語学習は、100年も前から同じ課題を背負って、似たような論争を延々と繰り返してきたのである。

　英語が読める・話せる、といった実践的な力を身につけるためにどのような学習法が最適なのか、は永遠のテーマである。しかし、体系立てた英文法の習得や、緻密な読解訓練は、いかなる時代であっても必要であると私は考える。

　その英文法や英語の読み方こそ、**日本人が大学受験という学生時代の関門のために中学高校を通して学習してきた大きな「財産」である。**「日本人は英語を話せない」と批判されるのは、決して日本の英語教育が根本的に間違っていたからではない。

　ただ少しばかり、それらの知識をコミュニケーションの現場で活用するための訓練が足りていなかっただけな

のである。すなわち、**読者の皆さんが英文法や英文解釈を学びなおして、基礎を築きあげることが、本当に英語を使いこなせるようになる第一歩なのである。**

　英語教育史の専門家は、「そこで再認識させられたのは、受験参考書こそは日本人にふさわしい英語学習法の宝庫だということだ」と述べている（**江利川春雄『受験英語と日本人』研究社**）。そして伊藤和夫・山崎貞・小野圭次郎らの受験参考書を、「英語をいかにわかりやすく効率的に学習できるかを追求」したもの、と高く評価している。

　ある意味で受験英語が日本人の英語力の基礎を作ってきたとも言えるだろう。こうした環境で英語を学習してきた日本人に必要なのは、少しの「追加学習」である。

　すなわち、学校時代の勉強内容なんて忘れたという方にも通用する。学生の頃の英語学習から何年も経っていても、一度鍛えられた頭の奥底には英語を受け入れる土台が必ず残っているからである。

　私が学生時代から愛読していた**最所フミ**による**『英語類義語活用辞典』**と**『日英表現辞典』**が文庫として後刊されたが（**ちくま学芸文庫**）、こうした本をパラパラめくることも英語の「呼び起こし」にはきわめて有効なのだ。

　本書は英語学習の合理的な道筋について考えたものである。**奇策に走らず地に足のついた勉強法で英語を習得してもらうことを目的とする。**その道筋は誰もが受けた学校英語に基盤を置いており、その上で当たり前に英語を学習できる道なのである。

おわりに──無理をしなくても実践できる英語勉強法　211

これは人並みはずれた努力と根性を要する苦行では決してない。「**学校英語をもとにすれば、ちゃんと英語が使えるようになる**」ことを自覚することが、もっとも大切である、と私は考える。さらに、少しだけ言語学と心理学の知識も活用し、これまでに蓄積された英語教育の良い部分を継承しながら、効率の良い英語の勉強を進めていただきたい。

最後になりましたが、筑摩書房ちくま新書編集部の伊藤笑子さんと西澤祐希さん、帯と扉に本書にぴったりのイメージイラストを描いてくださったタケウマさん、素敵な本文デザインを考案してくださった中村道高さん、これまでご協力いただいた京都大学の学生・院生諸君と英語教員の方々に、心より感謝の気持ちを伝えたいと思います。伊藤さんには『**座右の古典**』『**新版 一生モノの勉強法**』（ちくま文庫、啓文堂書店雑学文庫大賞2024を受賞）と『**100年無敵の勉強法**』（ちくまＱブックス）に引き続いて、本書の企画から完成に至るまで大変お世話になりました。西澤さんには、若い世代の英語学習について大変有益な助言を多数いただきました。

また本書は以前刊行した『**一生モノの英語勉強法**』『**一生モノの英語練習帳**』『**一生モノの受験活用術**』（いずれも祥伝社新書）の三部作を制作した際に、英語学習法について研伸館の吉田明宏先生をはじめとする英語科の先生方と長時間模索した経験が基になっています。その後もこの３冊がどれくらい役立つかについて検討を続け、京都大学の学生・院生たちと勉強法の改良を行なった結果

が本書として結実したのです。

　実は、私にとって英語学習は専門外の大きなライフワークであり、今でも方法論を進化させたいと考えています。私の書斎には英語勉強法に関する膨大な本のコレクションがありますが（本書86〜87ページを参照）、私の趣味と実益を兼ねた長年の大事な研究ジャンルなのです。

　本書が日本の英語教育に対していささかの活気を与えられれば、日本列島で1000年ぶりの「大地変動の時代」を迎え撃つ地球科学者として大変に嬉しく思います。

　　京都大学から世界へ羽ばたく若者たちとともに

　　　　　　　　　　　　　　　　　鎌 田 浩 毅

索　引

（★は人名，☆は書名他コンテンツやツールの題名・名称を表す）

【アルファベット】

AI　3, 4, 40
American English Course ☆　31
American Rhetoric ☆　118
BBC 英語学習サイト ☆　108
CNN 10☆　116
CNN English Express ☆　110
CNN Student News ☆　116
customize　8
Double Helix ☆　180, 181, 182
Foreign Affairs ☆　59
framework　35
French Without Toil ☆　40, 41
Globish　66
Google 翻訳☆　137
HelloTalk ☆　136, 156
iPhone メモ機能　137
Kevin's English room ☆　38
LL 教室　5
Molecular Biology of the Gene ☆　182
Nature ☆　78, 79, 80, 190
News and Views　79
Newsweek ☆　58
Podcast　120
Science ☆　78, 80, 190
Scientific American ☆　78, 79, 80
strategy　7, 26
tactics　7, 28
TED ☆　117, 118, 120
The New York Times ☆　27, 58
The private papers of Henry Ryecroft ☆　169
The Wall Street Journal ☆　58
Time ☆　58
TOEIC　24, 27, 109
topic sentence　39

【あ行】

合いの手　143, 144
アウトプット　6, 7, 16, 17, 18, 22, 122, 188, 192, 203
アウトプット優先（主義）　16, 18, 19, 20
アウトリーチ　152
遊び　128, 158
アメリカ英語　112
暗記　7, 30, 56, 58, 61, 67, 69, 72, 73, 74, 98, 99, 142, 143, 168, 204
安藤貞雄★　87, 101, 159
イェスペルセン★　86
イギリス英語　112
市河三喜★　169
一生モノの人脈術☆　158
一生モノの勉強法☆　70, 212
1 対 1 対応　72, 73, 76
遺伝子の分子生物学☆　5, 182
伊藤和夫★　83, 85, 87, 100, 101, 142, 211
伊藤和夫の英語学習法☆　85
意味　33, 44, 47, 48, 51, 53, 63, 65, 71, 73, 77, 78, 111, 124, 127, 155
意義　47

インプット　6, 16, 18, 116, 203
ウィトゲンシュタイン，ルートヴィヒ★　37
受身の姿勢　188
梅棹忠夫★　19, 21
英検（実用英語技能検定）　31
英語が聞ける　108
英語教育大論争☆　102
英語教師　夏目漱石☆　49
英語字幕　117, 133, 134, 135
英語（の）達人　7, 45, 63, 64, 158
英語達人列伝☆　104
英語手帳☆　140
英語の正しい発音の仕方（基礎編）☆　153
英語の発音がよくなる本☆　153
英語の名文　157, 162, 166, 168
英作文　58, 63, 73, 96, 122, 123, 130, 135, 139, 148
英借文　130, 131, 132
英文（の）ストック　58, 135, 136, 139, 141, 191
英文読解　44, 47, 63, 122, 123, 160, 165
英文法　27, 81, 82, 83, 85, 86, 87, 88, 89, 91, 101, 104, 105, 107, 164, 210, 211
英文法解説☆　101
英文法教室☆　85
英文法のナビゲーター☆　87
英文法問題集☆　87
英文法をこわす☆　100
江川泰一郎★　101
エチカ☆　101
江利川春雄★　102, 211
王道　42, 60, 74, 99

オウム返し話法　131
オーストラリア英語　112
岡倉天心★　104
小野圭次郎★　211
十八番文例集　57, 142
オバマ，バラク　117, 119
音声学　107, 137, 149
音声学習　5, 107, 137, 155
音声入力　137
音読　55, 56, 57, 58, 142, 145, 147, 148, 201
音読筆写　56, 57, 58, 142

【か行】

カーネギー，デール★　207
開明英文文法☆　87
科学者　3, 8, 16, 18, 59, 141, 161, 180, 207, 208
カスタマイズ　8, 9, 28, 32, 42, 95
学校英語　63, 64, 209, 211, 212
構え　111, 150
紙の本　190, 199, 200, 201, 203
冠詞　48, 124
神田昌典★　140
カントリー・ジェントルマン　165
完璧主義　22, 97, 154
完訳版　第二次世界大戦☆　166
記憶呼び起こし　62, 63
ギッシング，ジョージ★　157, 168, 169, 170, 172, 183
ギボン，エドワード★　157, 164, 166, 167, 168, 171, 172
基本英文700選☆　142, 143
基本語　64, 65, 68, 69
逆張り　3, 141
キャッチャー・イン・ザ・ライ☆

216

173, 174

究極の英語学習法Ｋ／Ｈシステム
　基本編☆　118

究極の英単語☆　70

驚異のグロービッシュ英語術☆
　66

強弱リズム　114, 115

京大人気講義　生き抜くための地
　震学☆　91

教養　18, 59, 68, 122, 157, 158,
　165, 167, 169, 183, 184, 185, 186,
　203

苦労なしの英語　41

グロービッシュ　66

グロービッシュ時代のこれだけ！
　英単語111☆　66

計画　27, 28, 31, 70

言語観　28, 33, 40

検索機能　191, 192

現代英文法講義☆　87, 101

現代読書法☆　45

限定的な英語力　25, 26

語彙力　52, 61, 69, 71, 74, 77, 123,
　125, 126

構造　18, 33, 34, 36, 44, 52, 53, 54,
　56, 57, 80, 83, 90, 126, 138, 139,
　180, 202

効率的　16, 32, 67, 68, 83, 88, 139,
　166, 211

合理的　3, 6, 9, 32, 33, 42, 44, 45,
　61, 122, 206, 208, 211

声に出して読む　55, 107, 137,
　145

語法　51, 52, 73

コミュニケーション　33, 34, 35,
　36, 40, 41, 44, 49, 59, 60, 62, 64,
　65, 66, 67, 74, 81, 82, 83, 85, 108,

124, 145, 157, 158, 198, 210

コミュニケーションの達人　60

【さ行】

斎藤兆史★　104

作文力　26, 122, 125, 135

座右の古典☆　185, 188, 212

サリンジャー★　157, 173, 177,
　179

3ヶ月で英語耳を作るシャドーイ
　ング　改訂版　144

三単現のs　124

ジーニアス英和辞典☆　51

ジーニアス英和辞典MX☆　52

ジーニアス英和（第6版）・和英
　（第3版）辞典☆　52

資格　24, 30, 31, 69

試験勉強　30

辞書　21, 45, 46, 48, 51, 52, 60, 67,
　74, 77, 78, 79, 91, 93, 117, 127,
　128, 129, 130, 133

辞書アプリ　52

私心のない興味　162

システム　34, 76, 88, 108, 198,
　204, 205, 208

実践　45, 46, 47, 52, 53, 58, 85, 93,
　98, 131, 134, 136, 139, 204, 205,
　207, 210

シャドーイング　113, 114, 115,
　116, 117, 118, 144, 154

修飾　54

受験英語　85, 102, 210, 211

受験英語と日本人☆　102, 211

主語　37, 52, 53, 54, 83, 90, 131

取捨選択　8, 28, 29, 89

述語　53, 54

首都直下　南海トラフ地震に備え

よ☆　194
ジョブズ，スティーブ　117, 118
新・基本英文700選☆　142
新自修英文典☆　89, 210
新ゼロからスタートシャドーイング入門編☆　144
推測する習慣　77
隙間法　93, 95, 98, 154, 204
スクリプト　115, 116
鈴木大拙★　104
スピーキングのためのやりなおし英文法スーパードリル英語のハノン☆　89
スピーキング力　26, 135, 137, 140, 141, 156
スピノザ★　101
スミス，アダム★　167
スラング　132, 133
成功術　時間の戦略☆　35, 106, 184
生産性　75, 83, 197
生成 AI　3, 4
声帯　107, 137, 150, 151
精読　45, 47, 48
世界がわかる理系の名著☆　186
世界のグロービッシュ☆　66
設計図　83
戦術　7, 28, 29, 42, 194, 198
前置詞　48, 104
戦略　7, 25, 26, 28, 29, 30, 42, 90, 106, 183, 184, 193
総合英語フォレスト☆　89, 92
ソクラテス★　40, 160

【た行】

大学入試　63, 122, 123
退屈力　160

第二次大戦回顧録☆　163, 165, 167
体癖☆　202
代名詞　48
高をくくる法　91
多言語習得者　41
たった1500語ですぐに通じるグロービッシュ英単語☆　66
多読　45, 46, 47, 48, 49
多読の3原則　46
棚上げ法　49, 79, 204
短期記憶　67, 74, 97
短期的な計画　27
単語　29, 33, 34, 47, 48, 61, 62, 63, 67, 68, 71, 72, 74, 81, 123, 125
単語カード　67, 75
単語学習　61, 67, 70, 74, 77, 78
単語集　67, 68, 69, 70, 71, 72, 73, 74, 75, 76
単語力　78, 123, 135
力のつく音読　55
地球科学者　18, 91, 194, 202
地球科学入門　5
地球の歴史☆　202
知性　158, 161, 185
知的格闘技　101
知的消費　18, 19, 20, 21, 22, 59, 187, 192, 196
知的生活☆　21, 22, 185
知的生活の方法☆　21
知的生産　7, 17, 18, 19, 20, 21, 22, 59, 153, 187, 188, 192, 195
知的生産な生き方☆　153
知的生産の技術☆　19, 20
チャーチル，ウィンストン★　157, 162, 163, 164, 165, 166, 167, 168

中学レベルの英語　62, 123, 126
長期記憶　67, 74, 97
長期的な計画　27
塵も積もれば山となる　98
通じる英語　122, 123, 131
通信文　132
ツール　4, 7, 8, 16, 41, 156, 189, 192, 196, 199
筑波大学附属駒場中学校（高校）　5, 83, 160
手持ちの語彙　125
電子辞書　51, 52, 133
電子ブック　199, 200, 201, 202, 203
戸川秋骨★　169
読書脳　202
読解力　26, 44, 52, 53, 55, 135
トピックセンテンス　39
努力の"手抜き"　204
トレーニング　56, 57, 128, 135

【な行】

ナイン・ストーリーズ☆　179
夏目漱石★　45, 48, 49
二重らせん（二重螺旋　完全版）☆　179, 180, 181, 182
日経サイエンス☆　79
新渡戸稲造★　104
日本人の英語力☆　102
認知論　36
沼越康則★　144
ネイティブ500人に聞いた！日本人が知らない、はずむ英会話術☆　144
ネイティブスピーカー　18, 25, 38, 40, 53, 58, 64, 65, 66, 77, 81, 86, 107, 112, 114, 122, 123, 131, 132, 135, 140, 143, 144, 145, 156
野口晴哉★　202
野崎孝★　173, 176, 178

【は行】

場当たり的な勉強　6, 24, 27
ハートで感じる英文法☆　99
バイリテラシー脳　200, 202, 203
橋渡し　36, 37, 40
発音の教科書☆　153
発音の矯正　147, 148
発音練習　111, 137, 145, 147, 151, 152, 153, 154
バッファー　70
ハマトン★　21, 22, 185
反復練習　42, 148
人を動かす☆　207
非ネイティブ英語　グロービッシュ入門☆　66
百式英単語☆　70
ビル・ゲイツとやり合うために仕方なく英語を練習しました。☆　86
深い読み　200, 202, 203
不完全法　22, 78, 94, 97, 155, 204
復習　55, 67, 74, 93, 96, 97, 98
伏見威蕃★　165
フレームワーク　35, 36, 37, 38, 40, 59, 60, 203
フロイト★　103
文法学習　29, 61, 70, 85, 86, 89, 91, 96, 97, 98, 102, 105, 107, 210
文法の原理☆　87
文法の無意識化　50, 102
文法力　88
勉強の構造　18
ヘンリ・ライクロフトの私記☆

168, 170
坊っちゃん☆　48
ポッドキャスト　120
ポリグロット　41
本は文房具　95, 98, 100
翻訳アプリ　39, 40

【ま行】

マクルーハン，マーシャル★
　185, 188, 201
水とコーヒー　189, 190, 191
道は開ける☆　207
実りある単調さ　159, 160
無意識（化）　9, 49, 50, 54, 102,
　103, 105, 106
無意識活用法　106
無生物主語　90, 95
村上春樹★　173, 174, 178, 179
メディア論☆　185, 201
目的優先法　72, 188, 189
目標　6, 21, 27, 28, 31, 32, 42, 50,
　70, 106, 135

【や行】

山崎貞★　89, 210, 211
大和言葉　127
やる気　41, 76, 153, 208
ユメタン☆　70
ユング★　103
用語　79, 83, 90
要素分解法　208
用法　51
欲張らない　71, 76
予備日　70
読まずにすませる読書術☆　203
読む力　45, 78, 90

【ら行】

ライ麦畑でつかまえて☆　173,
　174, 176, 177
ラクして成果が上がる　8, 17
ラッセル，バートランド★　157,
　158, 159, 161, 162, 167, 168, 207
ラッセル幸福論☆　159, 160, 162,
　208
ラベル法　20, 23
理科系の読書術☆　95, 153
理系的アタマの使い方☆　42, 72,
　79, 93, 154
リスニング力　26, 108, 118, 119,
　133, 134
リスニング練習　112, 144
林語堂★　87
例文収集　132, 134
連想ゲーム　128, 129
ローマ帝国衰亡史☆　164, 166,
　171
ロールモデル　181
ロジャース，カール★　5
論理的な読み方　47

【わ行】

和英辞書　127, 128, 129, 130, 133
わが青春期☆　165
枠組み法　79
渡部昇一★　20, 21, 22, 102, 196
ワトソン，ジェームズ★　5, 179,
　180, 181, 182
和文英訳　125, 128
和文和訳　125, 126, 127, 128, 129
割り算法　70, 204

ちくま新書
1816

理系的 英語習得術
——インプットとアウトプットの全技法

2024年9月10日 第1刷発行

著者
鎌田浩毅
(かまた・ひろき)

発行者
増田健史

発行所
株式会社筑摩書房
東京都台東区蔵前 2-5-3 郵便番号 111-8755
電話番号 03-5687-2601(代表)

装幀者
間村俊一

印刷・製本
三松堂印刷 株式会社

本書をコピー、スキャニング等の方法により無許諾で複製することは、
法令に規定された場合を除いて禁止されています。請負業者等の第三者
によるデジタル化は一切認められていませんので、ご注意ください。
乱丁・落丁本の場合は、送料小社負担でお取り替えいたします。
© KAMATA Hiroki 2024　Printed in Japan
ISBN 978-4-480-07643-4 C0280

ちくま新書

1687
シンプルで伝わる英語表現
——日本語との発想の違いから学ぶ
ジェフリー・トランブリー

「お先に失礼します」は英語でなんと言う？　クイズ形式で英語と日本語の発想の違いを学んで、日本人が「言えそうで言えない」英語表現を自然に身につけよう。

1298
英語教育の危機
鳥飼玖美子

大学入試、小学校英語、グローバル人材育成戦略……2020年施行の新学習指導要領をはじめ、日本の英語教育は深刻な危機にある。第一人者による渾身の一冊！

604
高校生のための論理思考トレーニング
横山雅彦

日本人は議論下手。なぜなら、「論理」とは「英語の思考様式」だから。日米の言語比較から、その背後の「心の習慣」を見直し、英語のロジックを日本語に応用する。2色刷。

1313
日本人の9割が知らない英語の常識181
キャサリン・A・クラフト
里中哲彦編訳

日本語を直訳して変な表現をしていたり、あまり使われない単語を多用していたり、日本人の英語はまだまだ勘違いばかり。10万部超ベストセラー待望の続編！

1405
英語の処方箋
——「日本人英語」を変える100のコツ
ジェームス・M・バーダマン
安藤文人訳

「よろしく」って英語で何て言う？　"Long time no see..." は使わないほうがよい？　日本人英語の間違いや会話・文法の要点などを楽しく解説！

1446
日本人のための英語学習法
——シンプルで効果的な70のコツ
里中哲彦

いろいろな学習法を試しても、英語の力が上がらないのはなぜなのか？　本当にすべきこととは何なのか？　人気予備校講師が、効果的な学習法やコツを紹介する！

1548
朝から晩までつぶやく英語表現200
キャサリン・A・クラフト
里中哲彦編訳

英語上達の近道は、朝から晩まで、とにかく思ったことを英語で口に出すこと。いろんな場面で使える、シンプルだけど意外と知らない必須フレーズを200個紹介。

ちくま新書

1735 そのまま仕事で使える 英語表現189

キャサリン・A・クラフト
里中哲彦編訳

その表現、実は失礼かも？ ビジネス英語は微妙な言葉選びが結果に大きく影響します。ただ伝わるだけでなく、丁寧に伝えるための、そのまま使える必携フレーズ集。

1352 情報生産者になる

上野千鶴子

問いの立て方、データ収集、分析、アウトプットまで、新たな知を生産し発信するための方法を全部詰め込んだ一冊。学生はもちろん、すべての学びたい人たちへ。

1455 ことばの教育を問いなおす ——国語・英語の現在と未来

鳥飼玖美子
苅谷夏子
苅谷剛彦

大学入学共通テストへの記述問題・民間試験導入などで揺れ動く国語教育・英語教育はどうあるべきなのか、3人の専門家がリレー形式で思考する。

1563 中国語は楽しい ——華語から世界を眺める

新井一二三

中国語で書き各地で活躍する作家が、文法や発音など基礎を解説し、台湾、香港、東南アジア、北米などに華語として広がるこの言語と文化の魅力を描き出す。

1396 言語学講義 ——その起源と未来

加藤重広

時代とともに進化し続ける言語学。国家戦略、AI、滅びる言語、……現代に即した切り口も交え、ことばの研究の起源から最先端まで、全体像と各論点を学びなおす。

1221 日本文法体系

藤井貞和

日本語を真に理解するには、現在の学校文法を書き換えなければならない。豊富な古文の実例をとりあげつつ、日本語の隠れた構造へと迫る、全く新しい理論の登場。

1784 使える！ 予習と復習の勉強法 ——自主学習の心理学

篠ヶ谷圭太

予習と復習ってなにをやればいいの？ そんな疑問に答えるべく、効果的な勉強法や苦手科目での最低限のメソッドなどを伝授します。授業の理解度が変わるはず。

ちくま新書

1724	1704	1583	1248	1200	1003	1432

英語脳スイッチ！
──見方が変わる・わかる英文法26講

英語と日本人
──挫折と希望の二〇〇年

英語の思考法
──話すための文法・文化レッスン

めざせ達人！ 英語道場
──教養ある言葉を身につける

「超」入門！ 論理トレーニング

京大人気講義 生き抜くための地震学

やりなおし高校地学
──地球と宇宙をまるごと理解する

時吉秀弥

江利川春雄

井上逸兵

斎藤兆史
よしふみ

横山雅彦

鎌田浩毅

鎌田浩毅

英文法に現れる「世界や人間関係の捉え方」をスイッチすれば、英語の見方が変わる・考え方がわかる！「そうだったのか」が連続の、英語学習スタートの必携書。

日本人はいかにして英語を学んできたのか。文明開化、英会話ブーム、小学校英語への賛否──。二〇〇年に及ぶ悪戦苦闘の歴史をたどり、未来を展望する決定版。

いくら勉強しても自然な英語が喋れないのはなぜ？「独立」「つながり」「対等」の3つをキーワードに、日本語にはない英語独特の「考え方」を徹底解説。

読解、リスニング、会話、作文……英語学習の本質をコンパクトに解説し、「英語の教養」を理解し、発信できるレベルを目指す。コツを習得し、めざせ英語の達人！

「伝えたいことを相手にうまく伝えられない」のはなぜか。日本語をロジカルに運用し、論理思考をコミュニケーションとして使いこなすためのコツを伝授！

大災害は待ってくれない。地震と火山噴火のメカニズムを学び、災害予測と減災のスキルを吸収すべき時は、まさに今だ。知的興奮に満ちた地球科学の教室が始まる！

人類の居場所である地球・宇宙をまるごと学ぼう！ 京大人気No.1教授が贈る、壮大かつ実用的なエッセンスを集めた入門書。日本人に必須の地学の教養がこの一冊に。